Duden Schülerhilfen

Aufsatz/Erzählen

Von der Erzählidee bis zum fertigen Text

Duden Schülerhilfen

Deutsch

Rechtschreibung 1
2. und 3. Klasse

Rechtschreibung 2
3. und 4. Klasse

Rechtschreibung 3
4. und 5. Klasse

Rechtschreibung
5. und 6. Klasse

Rechtschreibung
7. und 8. Klasse

Diktattrainer 5. Klasse
mit Übungs-CD

Diktattrainer 6. Klasse
mit Übungs-CD

Diktattrainer 7. Klasse
mit Übungs-CD

Diktattrainer 8. Klasse
mit Übungs-CD

Grundwortschatz
3. und 4. Klasse

Grammatik
4. und 5. Klasse

Grammatik
5. und 6. Klasse

Grammatik
7. und 8. Klasse

Aufsatz 1
2. und 3. Klasse

Aufsatz 2
3. und 4. Klasse

Aufsatz/Erzählen
5. bis 7. Klasse

Aufsatz/Bericht
5. bis 8. Klasse

Aufsatz/Inhaltsangabe
7. bis 9. Klasse

Aufsatz/Beschreibung
7. bis 10. Klasse

Aufsatz/Erörterung
8. bis 10. Klasse

Englisch

Englisch 5. Klasse

Englisch 6. Klasse

Englisch 7. Klasse

Englisch 8. Klasse

Englisch 9. Klasse

Englisch 10. Klasse

Mathematik

Grundrechenarten 1
ab 2. Klasse

Grundrechenarten 2
ab 3. Klasse

Sachaufgaben lösen
5. und 6. Klasse

Brüche
6. und 7. Klasse

Dezimalbrüche
6. Klasse

Dreisatz, Prozente, Zinsen
6. bis 8. Klasse

Wurzeln und Potenzen
9. und 10. Klasse

Trigonometrie
10. Klasse

Logarithmen und Exponentialgleichungen
10. Klasse

Gleichungen und Ungleichungen 1
5. und 6. Klasse

Gleichungen und Ungleichungen 2
7. und 8. Klasse

Textgleichungen 1
8. Klasse

Quadratische Gleichungen und Ungleichungen
9. Klasse

Flächen und ihre Berechnung 1
5. bis 8. Klasse

Flächen und ihre Berechnung 2
9. und 10. Klasse

Dreieckskonstruktionen
7. und 8. Klasse

Viereckskonstruktionen
7. und 8. Klasse

Chemie

Grundlagen der Chemie
8. bis 10. Klasse

Weitere Bände sind in Vorbereitung

Duden Schülerhilfen

Aufsatz/Erzählen

Von der Erzählidee bis zum fertigen Text

von Diethard Lübke

mit Illustrationen von Detlef Surrey

2., aktualisierte Auflage

5. bis 7. Klasse

Dudenverlag

Mannheim · Leipzig · Wien · Zürich

Die Deutsche Bibliothek – CIP-Einheitsaufnahme
Ein Titeldatensatz für diese Publikation
ist bei der Deutschen Bibliothek erhältlich.

Das Wort **Duden** ist für den Verlag
Bibliographisches Institut & F. A. Brockhaus AG
als Marke geschützt.

Das Werk wurde in neuer Rechtschreibung verfasst.

Redaktion: Martin Bergmann, Ulrike Lutz
Herstellung: Inge Ohrnberger
Satz: gag – grafische ateliergemeinschaft, Mannheim
Umschlagkonzept: Bender & Büwendt, Berlin
Druck: Druckhaus Langenscheidt KG, Berlin
Gedruckt auf Eural Super Recyclingpapier mattgestrichen
Bindearbeit: Schöneberger Buchbinderei, Berlin
Printed in Germany
ISBN 3-411-05822-6

Liebe Schülerin, lieber Schüler,

das Erzählen ist eine Aufsatzform, die von der Klasse 5 bis zur Klasse 7 geübt wird. Die meisten Schüler mögen diese Aufsätze. Erzählen ist ja etwas ganz Natürliches: Du kommst aus der Schule zurück und erzählst, was dort alles passiert ist; du wirst eingeladen und erzählst anschließend deinen Eltern, was du erlebt hast; du machst eine Reise und dann kannst du stundenlang erzählen.

Je anschaulicher du erzählst, je spannender, desto lieber werden dir alle zuhören. Wie macht man das eigentlich, anschaulich, interessant und spannend erzählen? Was solltest du sonst beim Erzählen beachten?

Die Themen für Klassenarbeiten und Hausaufsätze können sehr unterschiedlich sein: Du sollst Geschichten **nacherzählen,** einen **Erzählanfang fortsetzen,** nach **Reizwörtern** eine Geschichte erfinden, freie Erlebniserzählungen schreiben, Fantasieerzählungen …

In dieser Schülerhilfe findest du genaue Erklärungen mit beigefügten Musteraufsätzen. Du wirst schnell erkennen, worauf es bei verschiedenen Aufsatzformen ankommt. Sicher wirst du auch selbst Übungsaufsätze schreiben wollen. Such dir aus den Vorschlägen die Themen aus, die dich besonders interessieren. Dann hast du die nötige Sicherheit bei der Klassenarbeit.

Um dir die Orientierung zu erleichtern, sind kleine Hilfen eingebaut worden. Besonders gekennzeichnet sind so

Regeln, ⟶ 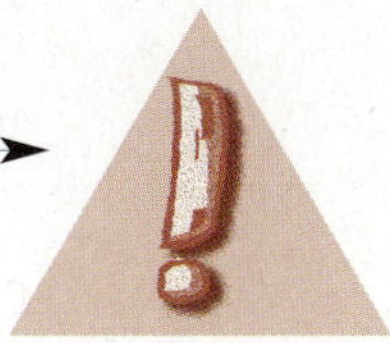

Beispiele, ⟶ 

Aufgaben ⟶ 

bzw. **spezielle Übungsaufgaben,** ⟶ 

Vorwort

Hilfen und Lösungshinweise →

sowie die **Lösungen** →

Noch ein Hinweis: Zitierte Texte sind in der Originalschreibung wiedergegeben.

Wir sind ganz sicher, dass du mit dieser Schülerhilfe viel Spaß haben wirst und – das Wichtigste! – dass sich deine Leistungen im Aufsatzschreiben **deutlich verbessern** werden.

Viel Erfolg!

Autor und Redaktion
Mannheim, im Januar 2002

Inhaltsverzeichnis

Inhaltsverzeichnis

Tipps und Ratschläge für gutes Erzählen:

Kapitel 1

Nacherzählen

1.1 Die einfache Nacherzählung. Einführung und Beispiel

Die meisten Schüler finden es leichter, eine Geschichte nachzuerzählen als sich selbst eine Geschichte auszudenken. Ein gutes Gedächtnis haben die meisten. Du auch? Deshalb möchte ich mit der Nacherzählung beginnen.

Für Nacherzählungen gibt es mehrere Aufgabenstellungen:

1.
- Der Lehrer/Die Lehrerin liest eine Geschichte vor.
- Die Schülerinnen und Schüler hören aufmerksam zu.
- Wenn die Geschichte vorgelesen ist, dürfen sie sich Notizen machen.
- Dann erzählen sie die Geschichte nach (als Klassenarbeit oder als Hausarbeit).

2.
- Die Schülerinnen und Schüler bekommen den Text der Geschichte ausgehändigt.
- Sie lesen die Geschichte **selbst** durch.
- Sie dürfen sich Notizen machen.
- Sie geben den Text der Geschichte wieder ab und erzählen dann die Geschichte nach.

1 Nacherzählen

An einem Beispiel gehen wir die verschiedenen Schritte beim Nacherzählen durch.

Die folgende Geschichte wurde von Enid Blyton, einer berühmten Jugendschriftstellerin, geschrieben. Vielleicht kennst du die Geschichte schon aus deinem Lesebuch. Lies die Geschichte aufmerksam durch:

So fing es an.

Aus: Enid Blyton: Die Insel der Abenteuer.
Erika Klopp Verlag, München, 1950 und 1995

Es war wirklich verrückt. Philip Mannering lag der Länge nach unter einem Baum und versuchte Mathematikaufgaben zu lösen. Niemand war in der Nähe und doch konnte er eine Stimme hören, die ganz deutlich zu ihm sprach.
„Kannst du nicht die Tür zumachen, du Idiot?“, sagte jemand in äußerst ungeduldigem Ton. „Und wie oft habe ich dir gesagt, du sollst dir die Füße abtreten!“
Philip richtete sich auf und suchte den Hügel, auf dem er sich befand, sorgfältig mit den Augen ab. Aber er konnte keine Menschenseele entdecken.
„So was Blödes“, sagte Philip zu sich selbst. „Hier ist doch keine Tür, die man zumachen kann, und keine Matte, an der man sich die Füße abtreten kann. Wer da spricht muss völlig verrückt sein. Auf alle Fälle mag ich es nicht. Eine Stimme ohne Körper ist irgendwie unheimlich.“
In diesem Augenblick schob sich eine kleine braune Nase aus dem Kragen von Philips Pullover. Sie gehörte zu einer kleinen Maus, die eins von Philips Lieblingstieren war. Zärtlich streichelte er den Kopf des winzigen Tiers, dessen Nase sich vor Vergnügen zusammenzog.
„Mach die Tür zu, du Idiot“, schrie die Stimme aus dem Nichts. „Und schnüffle* nicht. Wo ist dein Taschentuch?“
Das war zu viel für Philip. Er schrie zurück: „Halt den Mund! Ich schnüffle nicht. Wo bist du überhaupt?“
Keine Antwort. Philip wusste nicht, was er davon halten sollte. Woher kam diese seltsame Stimme mit ihren barschen Befehlen auf diesem hellen, sonnigen und völlig verlassenen Hügel? Er rief wieder: „Ich arbeite.

** schnüffeln: Das bedeutet hier: den Schleim in der Nase hochziehen*

Wenn du dich unterhalten willst, komm hervor und zeige dich."
„Schon gut, Onkel", sagte die Stimme jetzt unerwartet in einem ganz anderen Ton, versöhnlich und friedlich.
„Meine Güte", stöhnte Philip, „das geht zu weit. Ich muss das Rätsel lösen. Wenn ich herausbekomme, wo die Stimme herkommt, kann ich vielleicht auch ihren Eigentümer entdecken." Er rief: „Wo bist du? Komm hervor, dass ich dich sehen kann."
„Ich habe dir nicht nur einmal, sondern bereits ein Dutzend Male gesagt, du sollst nicht pfeifen", antwortete die Stimme wütend.
Philip schwieg vor Staunen. Er hatte nicht gepfiffen. Anscheinend war der Eigentümer der Stimme nicht ganz bei Sinnen. Philip hatte plötzlich nicht mehr den Wunsch mit dieser sonderbaren Person zu sprechen. Er wollte lieber nach Hause gehen.
Vorsichtig sah er sich um. Er konnte sich nicht recht vorstellen, wo die Stimme herkam, dachte aber, dass sie links von ihm sein müsste. Er würde also den Hügel auf der rechten Seite hinunterschleichen und möglichst unter den Bäumen Deckung suchen.
Er nahm seine Bücher, steckte den Bleistift in die Tasche und stand auf. Plötzlich ertönte ein schrilles Gelächter. Philip fuhr zusammen. Alle Vorsicht vergessend rannte er den Hügel hinunter und suchte Schutz unter einer Baumgruppe. Da brach das Gelächter wieder ab.
Philip blieb unter einem großen Baum stehen und horchte. Sein Herz klopfte. Er wünschte, er wäre im Haus bei den andern. Da sprach die Stimme wieder, diesmal direkt über seinem Kopf.
„Wie oft habe ich dir gesagt, du sollst dir die Füße abtreten?" Darauf ertönte ein schauriges Kreischen, so dass Philip vor Schreck seine Bücher fallen ließ. Er guckte in den neben ihm stehenden Baum hinauf – und da sah er einen Papagei, weißgrau mit einem gelben Kamm, der sich auf und nieder bewegte. Den Kopf auf eine Seite gelegt sah er Philip mit blanken schwarzen Augen an und machte mit dem gebogenen Schnabel ein schnarrendes Geräusch.
Philip starrte den Papagei an und der Papagei starrte zurück. Der Vogel hob eine Kralle und kratzte sich nachdenklich den Kopf. „Schnüffle nicht", sagte er im Unterhaltungston. „Kannst du nicht die Tür zumachen, du Idiot? Wo sind deine Manieren?"
„Na, so was", rief Philip verblüfft. „Du hast also gesprochen und gerufen und gelacht! Du hast mir einen ganz schönen Schrecken eingejagt."
Der Papagei nieste und fragte sofort: „Wo ist dein Taschentuch?"

Philip lachte. „Du bist wirklich ein komischer Vogel. Jedenfalls der klügste, den ich je gesehen habe. Von wo bist du denn entflogen?“

„Tritt dir die Füße ab“, antwortete der Papagei streng.

Philip lachte wieder. Da hörte er die Stimme eines Jungen laut vom Fuß des Hügels her rufen: „Kiki, Kiki, wo bist du?“

1 Hast du die Geschichte richtig verstanden?

a) Hört Philip wirklich eine „Stimme ohne Körper“ (Zeile 14)?

b) **Du hast mir einen ganz schönen Schrecken eingejagt.** Wie drückt sich der immer größer werdende Schrecken von Philip aus?

c) Wodurch entsteht für uns Leser der Spaß an dieser Geschichte?

Lies die Geschichte zur Sicherheit noch einmal durch, bevor du ans Nacherzählen denkst.

Tipp

Welche Notizen solltest du dir machen, um die Geschichte gut nacherzählen zu können?

Handlungsort:
Unter einem Baum (Zeile 1–2), auf einem Hügel (Zeile 8).

Personen:
Philip, ein Junge – ein entflogener Papagei.

Abschnitte der Erzählung:

1. Philip liegt unter einem Baum und möchte Mathematikaufgaben lösen (Zeile 1–2).
2. Philip wird beschimpft, er kann niemanden sehen (Zeile 5–14).
3. Die Stimme beschimpft ihn weiter. Philip schreit zurück. Kann niemanden sehen. Es wird ihm unheimlich (Zeile 19–26).
4. Die Stimme redet weiter auf Philip ein. Philip will nach Hause, er bekommt Angst (Zeile 27–49).
5. Philip sieht den Papagei oben im Baum. Er muss lachen (Zeile 50–67).

6. Ein Knabe kommt den entflogenen Papagei suchen (Zeile 67–68).

Die Schimpfwörter des Papageien brauchst du nicht aufzuschreiben, die merkst du dir auch so.

Bei der Nacherzählung kommt es darauf an, dass du anschaulich erzählst, wie Philip beschimpft wird, wie er offensichtlich Angst bekommt und wie er lachen muss, als er erkennt, dass ein Papagei mit ihm redet.

Silke K. hat die Geschichte so nacherzählt:

Philip hatte sich unter einen Baum gelegt und wollte seine Mathematikaufgaben lösen. Da hörte er plötzlich eine Stimme:
„Du sollst dir die Füße sauber machen, bevor du hereinkommst!"
Philip war ganz allein. Wer sprach da zu ihm? Er blickte sich um, aber niemand war zu sehen.

„Mach die Tür zu, du Idiot, und schnüffle nicht dauernd. Hast du kein Taschentuch?", schrie die Stimme wütend.

Philip konnte das nicht begreifen! Woher kam die Stimme? Er sagte laut: „Zeig dich, damit ich weiß, wer mit mir spricht! Ich schnüffle ja gar nicht!"

Einen Augenblick war es ruhig, doch dann hörte Philip zu seiner Überraschung:

„Ich habe dir schon 100-mal gesagt, du sollst nicht pfeifen!"

Die Sache wurde ihm unheimlich. Er stand auf, packte seine Sachen zusammen und wollte im Schutz der Bäume ins Haus gehen. Als er aufstand, hörte Philip ein kreischendes Lachen, sodass er vor Schreck bis zum nächsten Baum lief. Die Stimme hatte ihn verfolgt:

„Schnüffle nicht, du Idiot! Wo sind deine Manieren?"

Die Stimme kam genau von oben. Philip blickte hoch und sah einen großen Papagei mit roten und grauen Federn. Dieser Vogel war es, der ihm Angst gemacht hatte. Philip musste lachen.

Da hörte er von ferne einen fremden Jungen, der den Papagei suchte und rief:

„Kiki, Kiki, wo bist du?"

Der Aufsatz von **Silke** ist gut gelungen. – Sieh dir den Aufsatz noch einmal genau an und löse dabei die folgende Aufgabe:

2

a) Schreib neben den Aufsatz die sechs Abschnitte.
Die Reihenfolge der Abschnitte
ist verändert worden,
ist **nicht** verändert worden.

b) Silke verwendet die wörtliche Rede.
Unterstreiche die wörtliche Rede mit einem blauen Stift.
Fällt dir auf, wo Silke mit der wörtlichen Rede beginnt?

c) Genau wie Enid Blyton versetzt sich Silke in Philips Denken und Fühlen hinein. Unterstreiche die Stellen des Aufsatzes mit einem Rotstift.

d) Silke verwendet in ihrem Aufsatz nicht immer Punkte, sondern auch Fragezeichen und Ausrufezeichen.
Wie viele Fragezeichen? ....
Wie viele Ausrufezeichen? ....

e) Enid Blyton hat in der Vergangenheit erzählt. Silke tut das auch. Zeichne einen Kreis um alle Verbformen der Vergangenheit.
Beispiele: hatte wollte
In welchen Textteilen steht bei Enid Blyton und bei Silke **nicht** die Vergangenheit, sondern die Gegenwart und die Befehlsform?

Aus diesem Aufsatz kannst du die wichtigsten Regeln ableiten, die beim Nacherzählen zu beachten sind.

- *Der Ablauf der Handlung soll nicht verändert werden.*
- *Die Nacherzählung ist zwar meistens kürzer als die Vorlage, sie enthält aber die wichtigsten Einzelheiten.*
- *Alle Abschnitte (besonders der Höhepunkt der Geschichte) werden richtig wiedergegeben.*
- *Du sollst „mit eigenen Worten" nacherzählen und nicht ganze Abschnitte der Vorlage abschreiben.*
  (Ausnahmen: Schlüsselwörter und Schlüsselsätze des Textes darfst du übernehmen. Hier zum Beispiel: schnüffeln, Papagei … *und die Namen* Philip, Kiki.*)*
- *Die Nacherzählung soll so anschaulich und spannend sein wie die Vorlage.*
- *Du verwendest die wörtliche Rede.*
  Dabei fängst du jeweils mit einer neuen Zeile an.
- *Wie der Erzähler der Vorlage versetzt du dich in das Denken und Fühlen der Person(en).*
- *Wenn die Vorlage in der Vergangenheit erzählt wurde, schreibst du auch in der Vergangenheit. (Das gilt natürlich* nicht *für die wörtliche Rede.)*

1.2 Die Nacherzählung mit Zusatzaufgabe. Einführung und Beispiel

Eine Nacherzählung macht noch viel mehr Spaß, wenn eine Zusatzaufgabe gestellt wird. Zum Beispiel: Jemand anders erzählt die Geschichte nach, natürlich auf seine Art.

Stell dir vor, die ältere Schwester von Philip stand am Fenster und hat alles beobachtet, was ihrem Bruder passiert ist. Sie hat auch sofort bemerkt, dass ein Papagei mit Philip redet. Wie würde die Schwester die Geschichte erzählen?

Aufsatz von Christine R.:

Ich stand am Fenster und blickte in den Garten. Mein kleiner Bruder hatte sich unter einen Baum gelegt und las in seinen Büchern. Ich sah, dass vom Nachbargrundstück ein großer Papagei mit roten und grauen Federn in den Baum flog. Mit kreischender Stimme sagte er:

„Du sollst dir die Füße sauber machen, bevor du hereinkommst!"

Mein Bruder war ganz überrascht und blickte um sich.

„Mach die Tür zu, du Idiot, und schnüffle nicht dauernd. Hast du kein Taschentuch?", kreischte der Papagei wütend.

Philip konnte das nicht begreifen und sagte ganz laut, sodass ich es hören konnte:

„Zeig dich, damit ich weiß, wer mit mir spricht!"

Mein Bruder hatte immer noch nicht begriffen, dass ein Papagei mit ihm sprach. Er blickte ängstlich in alle Himmelsrichtungen, nur nicht nach oben in den Baum, wo der Papagei saß. Ich war gespannt, wie lange sich mein Bruder noch täuschen lassen würde.

„Ich habe dir schon 100-mal gesagt, du sollst nicht pfeifen!", tönte der Papagei. Meinem frechen kleinen Bruder wurde es offensichtlich unheimlich. Er packte seine Bücher zusammen, und als er aufstand, ließ der Vogel ein höhnisches Lachen vernehmen. Mein Bruder bekam es mit der Angst zu tun und lief unter den Baum vor dem Haus. Der Vogel war mitgeflogen und kreischte von neuem.

Endlich bemerkte Philip, dass ihn ein Papagei in Angst und Schrecken versetzt hatte. Er hörte auch, wie ich aus vollem Halse über seine Dummheit lachen musste, was ihn noch wütender machte. Er wartete nicht auf einen fremden Jungen, der seinen Papagei bei uns suchte.

3

a) In welcher Stimmung ist die Schwester, als sie den Vorfall erzählt?

....

b) Stell dir vor, die große Schwester erzählt den Vorfall ihrer Freundin oder ihren Eltern beim Abendbrot. An welchen Stellen würden die Zuhörer lachen? (Zeichne einen lachenden Mund an diese Stellen in den Aufsatz: ‿.)

c) In der Vorlage steht, dass Philip „versuchte Mathematikaufgaben zu lösen.“ – Christine schreibt: „ … und las in seinen Büchern.“
Warum ist das richtig? ....

....

d) Viele Gedanken von Philip, die Enid Blyton erzählt, wiederholt Christine in ihrem Aufsatz nicht.
Warum ist das richtig? ....

....

1.3 Übungsaufgaben

4 Thomas Mann erzählt in seinem Roman „Bekenntnisse des Hochstaplers Felix Krull“ einen Vorfall, der an die Fernsehsendung „Mini-Play-back-Show“ erinnert.

Thomas Mann: Bekenntnisse des Hochstaplers Felix Krull.
Fischer Taschenbuch Verlag 1981, S. 15–17

Ich zählte acht Jahre, als ich und die Meinen einige Sommerwochen in dem benachbarten und so namhaften Langenschwalbach verbrachten. Mein Vater nahm dort Moorbäder gegen die Gichtanfälle, die ihn zuweilen plagten (…) Die Ruhe, die sorglos geregelte Lebensführung, der Anblick wohlgeborener und gepflegter Menschen auf den Sportplätzen und in den Kurgärten entspricht meinen tiefsten Wünschen. Was aber die stärkste Anziehungskraft auf mich ausübte, waren die Konzerte, die täglich von einem wohlgeschulten Orchester dem Badepublikum dargeboten wurden. Die Musik entzückt mich, ja obwohl ich nicht Gelegenheit genommen habe, ihre Ausübung zu erlernen, besitzt diese träumerische Kunst einen fanatischen* Liebhaber in mir, und schon das Kind konnte sich nicht von dem hübschen Pavillon* trennen, worin die kleidsam uniformierte Truppe unter der Leitung eines kleinen Kapellmeisters von zigeunerhaftem Ansehen ihre Potpourris* und Opernstücke erklingen ließ. Stundenlang kauerte ich auf den Stufen des zierlichen Kunsttempels, ließ mein Herz von dem anmutig ordnungsvollen Reigen der Töne bezaubern

** fanatischer Liebhaber: leidenschaftlicher Liebhaber*
** Pavillon: rundes Gebäude*
** Potpourri: Folge mehrerer Musikstücke*

und verfolgte zugleich mit eifrig teilnehmenden Augen die Bewegungen, mit denen die ausübenden Musiker ihre verschiedenen Instrumente handhabten. Namentlich das Geigenspiel hatte es mir angetan, und zu Hause, im Hotel, ergötzte ich mich und die Meinen damit, daß ich mit Hilfe zweier Stöcke, eines kurzen und eines längeren, das Gebaren des ersten Violinisten aufs getreueste nachzuahmen suchte. Die schwingende Bewegung der linken Hand zur Erzeugung eines seelenvollen Tones, das weiche Hinauf- und Hinabgleiten aus einer Grifflage in die andere, die Fingergeläufigkeit bei virtuosenhaften Passagen und Kadenzen*, das schlanke und geschmeidige Durchbiegen des rechten Handgelenkes bei der Bogenführung, die versunkene und lauschend-gestaltende Miene bei hingeschmiegter Wange – dies alles wiederzugeben gelang mir mit einer Vollkommenheit, die besonders meinem Vater den heitersten Beifall abnötigte*. Dieser nun, gut gelaunt unter dem wohltuenden Einfluß der Bäder, nimmt das langhaarige und fast stimmlose Kapellmeisterchen beiseite und verabredet mit ihm die folgende Komödie. Eine kleine Violine wird billig erstanden und der zugehörige Bogen sorgfältig mit Vaselin* bestrichen. Während sonst für mein Äußeres nicht viel geschah, werden jetzt in einem Basar* ein hübsches Matrosenhabit* mit Fangschnur und goldenen Knöpfen, dazu seidene Strümpfe und spiegelnde Lackschuhe fertig angeschafft. Und eines Sonntagnachmittags, während der Kurpromenade, stehe ich, so ansprechend ausstaffiert*, zur Seite des kleinen Kapellmeisters an der Rampe des Musiktempels und beteilige mich an der Ausführung einer ungarischen Tanzpièce*, indem ich mit meiner Fiedel und mit meinem Vaselinbogen tue, was ich vordem mit meinen beiden Stöcken getan. Ich darf sagen, daß mein Erfolg vollkommen war.

Das Publikum, vornehmes und schlichteres, staute sich vor dem Pavillon, es strömte von allen Seiten herbei. Man sah ein Wunderkind. Meine Hingebung, die Blässe meiner arbeitenden Miene, eine Welle Haares, die mir über das eine Auge fiel, meine kindlichen Hände, deren Gelenke von den blauen, an den Oberarmen bauschigen und nach unten eng zulaufenden Ärmeln kleidsam umspannt waren – kurz, meine ganze rührende und wunderbare Erscheinung entzückte die Herzen. Als ich mit einem vollen und energischen Bogenstrich über alle Saiten geendigt hatte, erfüllte das Geprassel des Beifalls, untermischt mit hohen und tiefen Bra-

** Kadenz: Schlussteil eines Musikstücks*
** Beifall abnötigen: zum Klatschen bringen*
** Vaselin: ein Fett (wenn man den Geigenbogen damit bestreicht, ist kein Ton mehr zu hören)*
** Basar: Geschäft, Boutique*
** Matrosenhabit: Matrosenanzug*
** ausstaffiert: ausgestattet, geschmückt*
** Tanzpièce: ein Stück Tanzmusik*

vorufen, die Kuranlagen. Man hebt mich, nachdem der kleine Kapellmeister meine Geige nebst Bogen in Sicherheit gebracht, zur ebenen Erde nieder. Man überhäuft mich mit Lobsprüchen, mit Schmeichelnamen, mit Liebkosungen. Aristokratische* Damen und Herren umdrängen mich, streicheln mir Haare, Wangen und Hände, nennen mich Teufelsbub und Engelskind.
(...) Man zog mich zur Konditorei. An drei verschiedenen Tischen bewirtete man mich mit Schokolade und Cremeschnitten. (...) Es war einer der schönsten Tage meines Lebens, vielleicht der unbedingt schönste.

** aristokratisch: adlig*

Bevor du mit deiner Nacherzählung beginnst, solltest du dir zunächst die notwendigen Notizen machen:

Handlungsort:

....

Personen:

....

....

....

Abschnitte der Erzählung
(Ein Schüler hat die Abschnitte bereits angegeben):

1. Das Interesse des Erzählers für die Musik.
2. Beobachtung der Musiker.
3. Nachahmen der Musiker im privaten Kreis.
4. Öffentlicher Auftritt.
5. Großer Erfolg (Höhepunkt der Geschichte).
6. Belohnungen.

(Schreib die Nummern neben den Text von Thomas Mann.)

Thema:
Schreib eine Nacherzählung zu dem Kapitel aus dem Roman von Thomas Mann.

Manche Lehrer erwarten, dass Erzählungen, die in der Ichform geschrieben sind, in der Erform nacherzählt werden:

Ich zählte acht Jahre	→	**Er zählte acht Jahre**
Die Musik entzückte mich	→	**Die Musik entzückte ihn**
Mein Vater	→	**Sein Vater**

Thema mit Zusatzaufgabe:

Erzähle von einem Mitschüler/einer Mitschülerin, der/die sich sehr für einen/eine moderne(n) Sänger/Sängerin interessiert, sich ähnlich kleidet und beim Schulfest auftritt. Er/Sie singt mit Play-back. – Der Erfolg ist groß.

*Wernher von Braun (*23. 3. 1912)*

Wernher von Braun war der berühmteste deutsche Raketenkonstrukteur. Er baute Raketen im 2. Weltkrieg und später Weltraumraketen in den USA (z. B. die „Saturn").

dpa, Stuttgart

5 Lies den Text aufmerksam durch.
Welcher Abschnitt eignet sich besonders gut zum Nacherzählen?

Wernher von Braun: **Der Raketenwagen.**

Wenn ich zurückdenke, mit welchem Leichtsinn und welch unverfälschter Dummheit ich meine ersten Raketenversuche unternahm, so sträuben sich mir heute noch die Haare. Ich war dreizehn Jahre alt und hatte mir überhaupt noch keine Gedanken darüber gemacht, daß jede Rakete, die imstande ist zu fliegen, auch explodieren kann und daß die

Spielerei mit Feuerwerksraketen in der Garage oder gar auf der Straße eine höchst gefährliche Angelegenheit ist.

Überhaupt war mir damals vieles noch ziemlich unklar. Meine Zensuren waren nicht nur mäßig. Sie waren ausgesprochen lausig. Ich tat nur das, was mir Spaß machte, und das waren meistens Dinge, die nicht auf dem Lehrplan unserer Klasse standen. Daß ich auf diese Art und Weise weder zu Hause noch in der Schule große Lorbeeren ernten konnte, merkte ich erst, als es bereits zu spät war und ich mit Pauken und Trompeten, sehr zum Entsetzen meiner Eltern, in der Untertertia klebenblieb.

Ich besuchte damals das Französische Gymnasium in Berlin. Meine Interessen schwankten hin und her zwischen Technik, Naturwissenschaft und Musik. Im Schulorchester spielte ich Cello und zu Hause mit meiner Mutter Klavier. Sie hatte die Geduld aufgebracht, vierhändige Sonaten mit mir einzuüben. Außerdem versuchte ich mich an eigenen, allerdings etwas dünnen Kompositionen und schwelgte des öfteren in Träumen von einer erfolgreichen Komponistenlaufbahn.

Der Held meiner Jugend war jedoch Nikolaus Kopernikus. Er war der erste, der es wagte, im Widerspruch zu den damaligen Anschauungen der Kirche und der Gelehrtenwelt zu erklären, daß nicht die Erde, sondern die Sonne der Mittelpunkt unseres Weltalls ist. [...]

Archiv für Kunst und Geschichte, Berlin

Fritz von Opel in seinem Raketenwagen auf der Avus (um 1928).

Doch wurde ich von meiner Bewunderung für die Geistestaten von Kopernikus bald durch wesentlich näherliegende und aufsehenerregende Geschehnisse abgelenkt. Max Valier, einer der einfallsreichsten und aktivsten Förderer des Einsatzes von Raketen als Antrieb zur Erzielung hoher Geschwindigkeiten, hatte sich mit Fritz von Opel, dem bekannten deutschen Automobilfabrikanten, zusammengetan. In gemeinsamer Arbeit entwickelten die beiden einen durch Raketen angetriebenen Wagen, mit dem sie neue Geschwindigkeitsrekorde aufstellten. Die Zeitungen waren voller Schlagzeilen über die kühnen, wenn auch nicht immer von Erfolg gekrönten Versuche, die meine Phantasie und meinen Unternehmungsgeist zu wilden Überlegungen anregten.

Ich beschloß, selbst einen Raketenwagen zu bauen. Von meinem alten Holzwagen, der aus Hupe, Sitz, vier Rädern und Sperrholz bestand, entfernte ich die Deichsel und besorgte mir in einem Papier- und Scherzartikelladen ein halbes Dutzend der größten Feuerwerksraketen, die auf Lager waren. Dann verzog ich mich still und heimlich in eine Ecke unseres Kellergeschosses und begann, die Raketen zusammenzubasteln und auf meinen Wagen zu montieren.

Es war ein herrlicher, sonniger Tag, als ich soweit war, meinen „Raketenwagen" auszuprobieren. In der Tiergartenallee, in der wir wohnten, genoß eine Reihe von Spaziergängern den Sonnenschein und die nachmittägliche Ruhe. Daß ich mit meinem Vorhaben ihr Vergnügen stören würde, kam mir natürlich überhaupt nicht in den Sinn. Ich war so besessen von der Aussicht, meine alte Karre in einen pfeilschnellen Rennwagen zu verwandeln, daß ich an nichts weiter dachte. Ich schob den Wagen in die Mitte des Bürgersteiges, zündete die Raketen, und mit einem Riesenknall und Feuerstrahl begann das Ungetüm loszurollen. Mit jeder Sekunde nahm seine Geschwindigkeit zu. Als ich merkte, daß der Wagen einen wilden Zickzackkurs einschlug und sich einigen nichts Böses ahnenden

Passanten näherte, schlug meine Begeisterung in höchste Bestürzung um. Ich stieß voller Entsetzen laute Warnrufe aus und sah, wie eine Reihe von Fußgängern aufgeregt nach allen Seiten stob. Mit einer Mischung von Schrecken und Stolz beobachtete ich dann noch, wie der Wagen fauchend und unter heftiger Rauchentwicklung schließlich zum Stillstand kam.

Was danach passierte, ist mir in wenig angenehmer Erinnerung. Die Polizei nahm mich in Gewahrsam und schleppte mich zum nächsten Polizeirevier. Dort mußte ich Rede und Antwort stehen. Zum Glück war niemand durch meinen „Raketenwagen" verletzt worden. So wurde ich schließlich nach mehreren langen und bangen Stunden in die Obhut meines Vaters entlassen, der mir eine gepfiffene Standpauke und einen Tag Hausarrest verpaßte.

Die Tiergartenallee war anschließend vor meinen Raketenexperimenten sicher. Erst etliche Jahre später, nachdem ich mir wenigstens einige grundlegende technische Kenntnisse angeeignet hatte, begann ich, meine Versuche mit Raketen fortzusetzen.

a) Besonders gut zum Nacherzählen eignen sich die Zeilen
.... bis ....

b) Schreib die Abschnitte der Erzählung neben den Text.

c) Bevor du mit der Nacherzählung beginnst, fülle die Übersicht aus. Dann brauchst du bei deiner Nacherzählung nicht auf den Text von Wernher von Braun zu sehen.

Handlungsort:

....

Personen:

....

....

Abschnitte der Erzählung:

1. ....

2. ....

....

3. ....

....

4. ....

....

Thema:

Erzähle die Zeilen 37–71 nach.

Thema mit Zusatzaufgabe:

Ein Spaziergänger war mit seiner Frau und seiner Tochter unterwegs, als Wernher von Braun seinen Raketenwagen ausprobierte. – Die Tochter erzählt den Vorfall ihrer Freundin.

6

Tipp

Diese Übungsaufgabe ist schwierig. Die Schriftstellerin Ursula Haucke hat ein Gespräch zwischen Vater und Sohn geschrieben. Du sollst also ein Gespräch in eine Nacherzählung umformen.

Schon beim Durchlesen solltest du dir überlegen:

1. Welcher Vorgang wird indirekt erzählt? Was passiert, während Vater und Sohn miteinander reden?

2. Du wirst nur die wichtigsten Sätze aus dem Gespräch in deine Nacherzählung übernehmen können. Unterstreiche die wichtigsten Sätze. (Große Teile des Gesprächs wirst du zusammenfassen.)

Ursula Haucke: **Keine Zeit für Freundlichkeit.**

Aus: Papa, Charly hat gesagt … Band 4 rororo 4645.

Vater und Sohn im Auto.

Vater *redet vor sich hin:* O Gott, alter Mann mit Hut … da können wir uns wieder auf was gefaßt machen!

Sohn Weil der 'n Hut aufhat?

Vater Ja! Das sind sogenannte „Erfahrungswerte"...

Sohn Was kann man denn von einem Hut erfahren??

Vater Nicht von, über einen Hut kann man allerlei erfahren. Ältere Herren, die einen großen Wagen fahren und einen Hut aufhaben, blockieren für gewöhnlich den ganzen Straßenverkehr, weil sie keinen zu überholen wagen. Weil sie Angst vor Lastwagen haben und weil sie ums Verrecken nicht mehr als fünfzig fahren! Bitte, du siehst es ja! Kein Vorbeikommen! Und nicht mal rechts fahren kann der! *Er hupt.* So, jetzt geht's vielleicht ...
Leise: Idiot!

Sohn Mann, das war aber knapp!!

Vater Das ist es ja! Diese Typen ärgern einen so lange, bis man schließlich ...

Sohn ... sein Leben riskiert!

Vater *fährt betont und rügend fort:* ... bis man schließlich nicht mehr ganz so vorsichtig fährt wie normalerweise!

Sohn Aber der will dich doch bestimmt gar nicht ärgern!

Vater Er tut es aber. Und das ist das Entscheidende. [...]
Was ist denn da schon wieder los?!

Sohn Gar nichts. Bloß 'ne Wegverengung. Die rechte Spur fällt da vorne aus ...

Vater Na ja – wenigstens sind wir auf der linken ...

Sohn Aber man muß die doch zwischenlassen von rechts.

Vater Das ist mir bekannt. Man wird sie schon zwischenlassen. Ja, ist denn das zu glauben?! Da ist doch dieser Typ schon wieder!

Sohn Tatsache! Dann ist der aber gar nicht so langsam gefahren, nich?

Vater Vielleicht hat ihn einer geschoben ... Und jetzt will der auch noch vor mir rüberdrängeln!

Sohn Laß ihn doch zwischen, Papa, der ist jetzt dran!
Der Vater hupt.

Vater Das fehlte noch, damit ich ihn dann noch mal überholen muß ...
Er hupt noch mal.
So ... das hätten wir.

Sohn Wenn du mit dem zusammen in der U-Bahn sitzen würdest, wärst du bestimmt nicht so sauer auf ihn!

Vater Wer weiß. [...] Und jetzt halte du auch mal ein bißchen den Mund, ich muß mich konzentrieren; die fahren heute wieder alle wie die Neandertaler*!

Sohn Bitte.

Der Sohn stellt das Radio an.
Ein Rocksänger ist zu hören.

Vater Und dieser Rock-Pop-Punk-Schreier hält bitte auch den Mund, ja?!

Sohn Mann! Nichts darf man! Nicht reden, nicht Musik machen. Kann ich mich ja gleich in 'n Eisschrank setzen!

Vater Sehr witzig. – Sei froh, daß ich dich mitnehme zu deinem komischen Pfadfindertreffen. Sonst könntest du eine Stunde im Bus sitzen.

Sohn Macht mir doch nichts aus ...

Vater *hört gar nicht hin.* Sag mal, verfolgt der uns? Da ist der Kerl doch schon wieder??

Sohn Du siehst ja schon Gespenster, Papa! Das war doch kein Ford!

Vater Ja, stimmt. War nur das gleiche Grün.

Sohn Weißt du, was komisch wäre, Papa?

Vater Nein.

Sohn Wenn dieser Hut-Mann plötzlich bei einer Party von Webers oder Kellermanns auftauchen würde! Und dann wär das vielleicht ein ganz berühmter Arzt oder so was und du würdest ihn ganz toll finden!

Vater *bockig:* Deswegen würde er immer noch miserabel Auto fahren.

Sohn Aber es kann doch einer ein netter Mensch sein mit ganz duften Ansichten – auch wenn er miserabel Auto fährt.

Vater Natürlich, ja.

Sohn Aber die Autofahrer denken nie, daß einer nett sein kann, der schlecht Auto fährt!

Vater Das ist ja auch das einzige, was sie von einem anderen Autofahrer wissen: wie er Auto fährt. Seine Ansichten über den Weltfrieden oder die Rassenfrage kann er einem durch die Fensterscheiben ja nicht mitteilen ...

Sohn *eifrig:* Vielleicht sollten alle Autofahrer mal 'ne richtige Zeichensprache lernen, damit sie sich bei Rot ein bißchen unterhalten

* *Neandertaler: Urmensch*

können!

Vater Was die Autofahrer als Zeichensprache brauchen, das haben sie sich schon selber angeeignet.

Sohn „Vogel zeigen" ist aber verboten!

Vater Ich rede nicht von „Vogel zeigen". Es gibt ja auch eine Geste, mit der man dem anderen andeutet, daß man ihm die Vorfahrt einräumt … Ist da schon wieder 'ne Wegverengung?

Sohn Die ist doch schon lange. Diesmal wird's links enger.

Vater Dabei soll man nun Benzin sparen! Wenn man alle hundert Meter bremsen muß!

Sohn Am meisten Benzin spart man, wenn man U-Bahn fährt.

Vater Danke für den Ratschlag; aber ich muß auch Nerven sparen! Falls du das begreifst! […] … Hallo! Was soll denn diese Unverschämtheit?! Seit wann fädeln sich zwei Autos hintereinander ein! Wo – gibt's – denn – so – was –

Sohn *schnell:* Der kann doch nicht anders, Papa! Der schleppt doch einen ab!! Papa!!

Der Vater kann nicht mehr bremsen; mittlerer Auffahrunfall.

Vater Verdammte Sauerei!! Das hat mir noch gefehlt … Bleib sitzen! Ich muß sehen … ich muß hier irgendwo ranfahren … dreh mal das Fenster runter …

Nach draußen: Ja, ja!! Schon gut, ich fahre nicht weg, ich steig gleich aus!! […]

Bevor du mit deiner Nacherzählung beginnst, mache dir die notwendigen Notizen. Dann kannst du nacherzählen, ohne auf die Vorlage zu sehen.

Handlungsort:

……………………………………………………

……………………………………………………

Personen:

……………………………………………………

……………………………………………………

Abschnitte der Erzählung:

1. ……………………………………………

2. ....

3. ....

4. ....

5. ....

Thema:

Erzähle den Text von Ursula Haucke nach.
(Versetze dich dabei in den Vater **oder** in den Sohn und schreibe die Nacherzählung entsprechend.)

1.4 Lösungen

1
a) Hört Philip wirklich eine „Stimme ohne Körper“ (Zeile 14)?
Nein.
b) **Du hast mir einen ganz schönen Schrecken eingejagt.**
Wie drückt sich der immer größer werdende Schrecken von Philip aus?
Philip stöhnte (Zeile 29) –
Er wollte nach Hause gehen (Zeile 37–38) –
Er rannte den Hügel hinunter (Zeile 45) –
Sein Herz klopfte (Zeile 47–48) –
Philip ließ vor Schreck die Bücher fallen (Zeile 51–52).
c) Wodurch entsteht für uns Leser der Spaß an dieser Geschichte?
Weil ein Junge so dumm sein kann, dass er nicht merkt, dass ein Papagei mit ihm spricht.

2
a) Die Reihenfolge der Abschnitte ist **nicht** verändert worden.
b) Silke beginnt immer **am Anfang einer neuen Zeile.**
d) **Fünf** Fragezeichen. – **Sechs** Ausrufezeichen.
e) **In der direkten Rede.**

3
a) Die Schwester **amüsiert sich.**
c) Sie kann nicht genau sehen, was für Bücher er vor sich hat.
d) Sie erzählt nur, was sie **sehen** und **hören** kann.

4
Handlungsort: **Der Musikpavillon in Bad Langenschwalbach.**
Personen: **Der Erzähler, die Musiker, der Kapellmeister, der Vater, die Kurgäste.**

5

a) Besonders gut zum Nacherzählen eignen sich die Zeilen **37 bis 71.**

c) Handlungsort: **Tiergartenallee in Berlin.**
Personen: **Wernher von Braun, Spaziergänger, Polizei, Vater.**
Abschnitte der Erzählung:
1. **Bau des Raketenwagens** (Zeile 37–43).
2. **Ausprobieren des Raketenwagens** (Zeile 44–60).
3. **Auf der Polizei** (Zeile 61–67).
4. **Schluss** (Zeile 68–71).

6

Handlungsort: **Im Auto auf der Straße.**
Personen: **Sohn, Vater, andere Autofahrer.**
Abschnitte der Erzählung:
1. **Der Vater ärgert sich über einen Autofahrer mit Hut, den er mit Mühe überholt.**
2. **Erste Wegverengung. Der Vater lässt den Autofahrer mit Hut nicht einfädeln.**
3. **Vater will nicht, dass der Sohn Musik hört.**
4. **Sohn stellt sich vor, dass der Autofahrer mit Hut ganz nett sein könnte.**
5. **Zweite Wegverengung. Vater will nicht zwei Autos einfädeln lassen. Er erkennt nicht, dass ein Auto abgeschleppt wird.**
Unfall.

Kapitel 2

Erzählen nach Bildern

2.1 Einführung und Beispiele

Das Erzählen einer Geschichte nach einer Bildfolge

- ist **leicht,** weil die Bilder schon die wichtigsten Abschnitte der Erzählung veranschaulichen.

- ist **schwer,** weil du alles, was du auf den Bildern siehst, selbst in Worte fassen musst.

Wenn du die Bildfolge bekommst, wirst du sie dir zuerst genau ansehen: Was ist auf den einzelnen Bildern zu sehen? Wer sind die Personen? Was tun sie?
Dann wirst du dir überlegen, in welchem Zusammenhang die Bilder stehen: Wie ergibt sich aus den Bildern eine Geschichte? Worauf kommt es bei der Geschichte besonders an? Welches ist der Höhepunkt?

An einem Beispiel werden wir Schritt für Schritt eine Bildgeschichte entwickeln.

Jessicas schönstes Geburtstagsgeschenk

1

2

Bevor wir mit der Geschichte beginnen, sehen wir uns die Bildfolge an.

7 Was ist auf den Bildern zu sehen? (Schreib deine Beobachtungen auf die freien Zeilen.)

1. Bild: Was tut Jessica?

Wer mögen die anderen Mädchen sein?

2. Bild: Wem zeigt Jessica die vielen Geschenke? Nenne sie:

4. Bild: Was haben Oma und Opa in der Hand?

5. Bild: Was geschieht auf dem Bild? Was tut Jessica?

Was tun die Gäste? Was sagen sie?

Wie findet Jessica den Teddybären?

6. Bild: Was siehst du auf dem Bild?

Vergleiche das 6. und das 2. Bild!

Thema:

Erzähle die Geschichte „Jessicas schönstes Geburtstagsgeschenk".

Marion F. hat die Geschichte so erzählt:

Jessica hatte alle ihre Freundinnen und die Schülerinnen aus ihrer Klasse zu ihrem Geburtstag eingeladen. Sie stand vor ihrer großen Geburtstagstorte und schaffte es, alle 12 Kerzen auf einmal auszublasen. Dann zeigte sie ihrer besten Freundin die vielen Geschenke: Bücher, CDs, schicke Sportbekleidung, einen Fotoapparat ...

„Wirklich, du hast viele schöne Geschenke bekommen, Jessica!"

Da schellte es. Jessica machte auf. Vor der Tür standen Oma und Opa mit einem großen Geschenk, das in grünes Papier eingepackt war, mit einer leuchtend roten Schleife. Alle Mädchen wollten wissen, was in dem Karton war.

„Pack das Geschenk endlich aus!", sagte die beste Freundin. Jessica löste die Schleife und machte das Papier auf. Sie holte aus dem Karton ... einen Teddybären, den süßesten Teddybären, so richtig zum Liebhaben!

Die Freundin wollte ihn auf den Arm nehmen. Aber das ließ Jessica nicht zu! Ihren Teddybären wollte sie nicht hergeben. Sie nahm ihn später mit ins Bett und dachte:

„Du bist mein schönstes Geburtstagsgeschenk!"

8

a) Schreib neben den Aufsatz die Nummer des Bildes, das beschrieben wird.
b) Unterstreiche mit einem Rotstift Einzelheiten, die man nicht auf den Bildern sieht und die Marion sinnvoll ergänzt hat.
c) Ist der Höhepunkt der Geschichte gut herausgearbeitet worden?
Ja ○
Nein ○

Begründung:

....

....

Was ist beim Erzählen nach einer Bildfolge besonders zu beachten?

Tipp

- Sieh dir die Bilder zunächst genau an.
- Fertige eine Liste an.
  Bild 1: ....
  Bild 2: ....
  usw.
  Schreib dahinter, was du auf den Bildern siehst.
- Überlege dir dann, wie die Handlung der Geschichte ablaufen könnte. Vor allem: Welches ist der wichtigste Teil der Geschichte (der Höhepunkt)? Den wichtigsten Teil solltest du ausführlich darstellen.

(Was du bisher im 1. Kapitel gelernt hast, solltest du weiterhin beachten.)

An dem zweiten Beispiel kannst du noch ein paar Tricks kennen lernen, die deine Erzählungen verbessern.

Zu der Bilderfolge **Nicole fährt in den Osterferien zu ihrer Tante** habe ich eine Klassenarbeit schreiben lassen. Du kannst die Aufsätze von **Elke K.**, **Martin E.** und **Simone Sch.** lesen.

Nicole fährt in den Osterferien zu ihrer Tante

Thema:

Erzähle die Geschichte „Nicole fährt in den Osterferien zu ihrer Tante".

Bevor du die drei Aufsätze liest, sieh dir die Bildfolge genau an. Dann kannst du die Aufsätze besser verstehen und beurteilen.

9 Schreib deine Beobachtungen auf die freien Zeilen:

2. Bild: Was erwartet Nicole, als sie aussteigt?

3. Bild: Wohin gehen die Fahrgäste?

Wen sucht Nicole?

4. Bild: Was entdeckt Nicole auf dem Bahnsteig?

Mit wem telefoniert sie? Bekommt sie Anschluss?

Was denkt sie anschließend? Was fühlt sie?

5. Bild: Wo ist die Tante?

Warum ist sie auf dem Parkplatz? Wo wird der Parkplatz sein?

6. Bild: Wo treffen sich Nicole und die Tante?

Welche Gefühle haben beide?

Aufsatz von Elke K.:

In den Osterferien fuhr Nicole zum ersten Mal ganz allein mit der Eisenbahn zu ihrer Patentante nach Mainz. Die Fahrt dauerte lange, der Zug hielt auch auf freier Strecke. Da kam eine Durchsage:
„Wegen einer Betriebsstörung hat der Zug 40 Minuten Verspätung …"

Als Nicole in Mainz ausstieg, suchte sie ihre Tante, die sie vom Bahnhof abholen wollte. Alle Fahrgäste gingen zum Ausgang. Die Tante war nicht zu sehen. Schließlich blieb Nicole ganz allein auf dem Bahnsteig.

Zum Glück sah sie ein Telefon. Die Telefonnummer der Tante hatte ihr ihre Mutter mitgegeben, auch eine Telefonkarte. Aber die Tante war nicht zu erreichen, niemand nahm den Hörer ab.

Die Tante von Nicole hatte auf dem Bahnsteig gewartet. Als der Zug nach 40 Minuten Verspätung immer noch nicht angekommen war, war ihr eingefallen, dass die Parkuhr abgelaufen war. Sie musste schnell zum Parkplatz und Geld in die Parkuhr stecken, gerade als der Zug ankam.

Als sie zum Bahnsteig zurückging, kam ihr Nicole auf der Treppe entgegen. Das war eine Freude! Die Tante und Nicole umarmten und küssten sich. Endlich hatte Nicole ihre Tante gefunden!

Dieser Aufsatz von Elke erzählt die Bildgeschichte korrekt nach.
Was kannst du an diesem Aufsatz lernen?

- *Elke gliedert ihren Aufsatz durch Abschnitte.*
  Zu jedem Bild schreibt sie einen Abschnitt.
  Denke daran auch bei deinen Aufsätzen!
  Viele Schüler schreiben ihre Aufsätze ohne Absätze, andere machen nach jedem Satz einen Absatz. – Beides ist falsch!
  Gliedere deine Aufsätze zukünftig durch sinnvolle Absätze.
  Du erinnerst dich? Bei der wörtlichen Rede fängst du immer eine neue Zeile an (siehe S. 16).

Aufsatz von Martin E.:

In den Osterferien hatte mich meine Tante zu sich nach Bonn eingeladen. Ich wollte dort meine Ferien verbringen und meine Eltern waren damit einverstanden. Am Tag vor Palmsonntag brachten mich meine Eltern zum Bahnhof. Wir gingen zum Gleis Nr. 1 und warteten auf den Zug. Nach wenigen Minuten lief der Zug ein. Ich verabschiedete mich von meinen Eltern und sagte: „Tschüss!" … „Tante Moni holt dich vom Bahnhof ab", rief Mama mir noch zu.
Kurz vor Bonn blieb der Zug auf einmal stehen. Die Leute in meinem Abteil wurden unruhig. Was war geschehen? Der Schaffner lief aufgeregt durch den Gang und sagte: „Wir haben noch keine freie Einfahrt. Voraussichtlich werden wir mit 40 Minuten Verspätung in Bonn ankommen!" Als ich endlich in Bonn eintraf, stieg ich aus dem Zug und schaute mich nach Tante Moni um. Doch wo war sie? „Sie wollte mich doch abholen", sagte ich zu mir. Aufgeregt lief ich zur nächsten Telefonzelle und versuchte bei meiner Tante anzurufen. Doch es meldete sich nur der automatische Anrufbeantworter. Ich lief ängstlich zum Bahnhofsausgang. Doch wen sah ich da? Tante Moni lief mir genau in die Arme. „Nicole, da bist du ja endlich", rief sie erleichtert und gab mir vor Freude einen Kuss auf die Wange. „Ich warte schon seit einer Stunde auf dich." „Ich habe versucht bei dir anzurufen", antwortete ich. „Ich stand auf dem Bahnsteig und bin nur kurz weggegangen, um Geld in die Parkuhr zu stecken", sagte sie lächelnd. Nach dieser missglückten Ankunft wurden die Ferien bei meiner Tante besonders schön.

10

a) Martin hatte wohl gefehlt, als wir über die Absätze gesprochen haben. Nimm einen Rotstift und zeige mit diesem Zeichen // an, wo in dem Aufsatz Absätze eingefügt werden müssten.

b) Martin macht am Anfang seines Aufsatzes einen typischen Fehler, den ich bei sehr vielen Schülern gefunden habe.
Erkennst du ihn? Vergleiche den Aufsatz mit der Bilderfolge!

Dir ist aufgefallen, dass die Einleitung zu dem Aufsatz viel zu langatmig ist? Viele Schüler schreiben so langatmige Einleitungen, vielleicht weil sie Angst haben, den Aufsatz sonst nicht füllen zu können.
Nimm den Rotstift und streiche die ganze überflüssige Einleitung weg. (Deine Streichungen gehen bis Zeile ...... des Aufsatzes.)

Das kannst du an diesem Aufsatz von Martin lernen:

- ***Verzichte auf langatmige Einleitungen!***
  Komme gleich zu deiner eigentlichen Erzählung.
- *Du brauchst keine Angst zu haben, dass dein Aufsatz nicht lang genug wird, wenn du dir vornimmst, dass du den wichtigsten Teil deines Aufsatzes (den Höhepunkt) ausführlich erzählst, das heißt, mit mehreren Sätzen.*

Aufsatz von Simone Sch.:

Ich stand auf dem Bahnsteig, ziemlich hilflos, und wusste nicht, was ich tun sollte. Alle Reisenden waren ausgestiegen, einige waren abgeholt worden. Schließlich stand ich ganz allein auf dem großen Bahnsteig.

Neben dem Warteraum bemerkte ich ein öffentliches Telefon. Sollte ich meine Tante anrufen? Zum Glück hatte mir meine Mutter ihre Telefonnummer und eine Telefonkarte mitgegeben. Mein Anruf war vergeblich, meine Tante war nicht zu Hause, niemand nahm den Hörer ab.

Schließlich ging ich zum Ausgang. Wie sollte ich zu meiner Tante kommen? Gab es eine Busverbindung? Sollte ich lieber ein Taxi nehmen (und dafür mein Taschengeld verwenden)?

Da plötzlich kam mir meine Tante entgegen. Sie umarmte mich und küsste mich.

„Bist du endlich angekommen, Nicole? Der Zug hatte 40 Minuten Verspätung! Da musste ich schnell auf den Parkplatz, weil die Parkuhr schon abgelaufen war …"

11 Wie findest du diesen Aufsatz?

a) Die Absätze sind an den richtigen Stellen gemacht worden: ○

Es hätten mehr Absätze gemacht werden müssen: ○

b) Er enthält auch eine langatmige Einleitung: ○

Er enthält keine langatmige Einleitung: ○

Vieles ist dem Leser am Anfang des Aufsatzes
noch gar nicht klar.
Er versteht es erst später: ○

Der Aufsatz ist spannend geschrieben. Ist dir das auch aufgefallen? Am Anfang steht ein Mädchen allein und hilflos auf dem Bahnsteig. Wir möchten natürlich wissen, warum. – Das Mädchen versucht zu telefonieren, ohne Erfolg. – Das Mädchen überlegt sich, wie es zu seiner Tante kommen soll, mit dem Bus oder mit dem Taxi. Wir zweifeln, ob das Mädchen wohl Erfolg haben wird. – Schließlich wird die Spannung gelöst: Die Tante kommt und erklärt, warum sie nicht sofort auf dem Bahnsteig war.

- ***Spannende Aufsätze*** *sind besonders gut gelungene Aufsätze. Sicher möchtest du auch spannend erzählen.*
  Dann darfst du am Anfang des Aufsatzes nicht gleich alle Hintergründe verraten.
  Du weckst das Interesse des Lesers.
  Erst zum Schluss gibst du die richtige Auflösung.

2.2 Übungsaufgaben

12 Wo ist Bello? Wir suchen ihn in der ganzen Stadt.

2 Erzählen nach Bildern

Bevor du deinen Aufsatz schreibst, sieh dir die Bildfolge genau an. Notiere deine Beobachtungen:

Bild 1: Wo mögen wir angekommen sein?

....

Was tut Papa mit den Koffern?

....

....

Wo ist der Hund?

....

Bild 3: Als alle Koffer eingeräumt sind … Was fällt auf?

....

....

Bild 4: Wo gehen wir den Hund suchen?

....

Wen könnten wir nach dem Hund fragen?

....

....

Bild 5: Wo finden wir den Hund?

....

Bild 6: Warum ist der Hund dorthingelaufen?

....

....

Was bekommt der Hund?

....

Thema:

Erzähle die Bildgeschichte: „Wo ist Bello?"

13 Annika bricht sich das Fußgelenk

2 Erzählen nach Bildern

Bevor du deinen Aufsatz schreibst, sieh dir wieder die Bilderfolge genau an. Notiere deine Beobachtungen:

Bild 1: Was tun die Mädchen?

. . . .

. . . .

Bild 2: Warum sitzt das eine Mädchen auf dem Boden?

. . . .

. . . .

Warum nennt sie die andere „blöde Ziege"?

. . . .

. . . .

Bild 3: Das andere Mädchen tut das einzig Richtige. Was?

. . . .

. . . .

. . . .

Bild 6: Wer kommt mit einem Blumenstrauß ins Krankenhaus?

. . . .

. . . .

Werden sich die Mädchen wieder vertragen?

. . . .

. . . .

. . . .

Thema:

Erzähle die Bildgeschichte: „Annika bricht sich das Fußgelenk".

14 Aufpassen im Straßenverkehr

Thema:

Erzähle die Bildfolge selbstständig.

2.3 Lösungen

1. Bild: **Sie bläst die Kerzen ihrer Geburtstagstorte aus.**
Die Mädchen sind ihre Geburtstagsgäste.
2. Bild: **Ihrer (besten) Freundin.**
Bücher, CDs, Sportbekleidung, Fotoapparat …
4. Bild: **Ein großes Geschenk.**
7 5. Bild: **Jessica packt das Geschenk aus.**
Die Gäste sind gespannt, was im Paket ist. Sie sehen zu.
Jessica findet den Teddybären **süß, so richtig zum Liebhaben.**
6. Bild: **Jessica hat den Teddybären mit ins Bett genommen.**
Der Teddybär ist das schönste Geburtstagsgeschenk.

c) Der Höhepunkt der Geschichte ist **gut** herausgearbeitet.
8 Begründung: **Sie schreibt darüber von Zeile 10 bis zum Schluss. Die drei Punkte vor … einen Teddybären sollen die Spannung noch erhöhen.**

2. Bild: **Nicole erwartet, dass die Tante sie abholt.**
3. Bild: **Die Fahrgäste gehen zum Ausgang.**
Nicole sucht ihre Tante.
4. Bild: **Nicole entdeckt ein öffentliches Telefon.**
Sie möchte mit der Tante telefonieren.
Sie bekommt keinen Anschluss.
9 **Sie denkt: Wie komme ich zur Tante?**
Sie ist enttäuscht, dass sie nicht abgeholt wurde.
5. Bild: **Die Tante ist auf dem Parkplatz.**
Sie steckt Münzen in die Parkuhr.
Der Parkplatz ist beim Bahnhof.
6. Bild: **Sie treffen sich, als Nicole zur Unterführung geht.**
Beide sind froh, glücklich, küssen sich.

Aufsatz von Martin E.:

~~In den Osterferien hatte mich meine Tante zu sich nach Bonn eingeladen. Ich wollte dort meine Ferien verbringen und meine Eltern waren damit einverstanden.~~

~~Am Tag vor Palmsonntag brachten mich meine Eltern zum Bahnhof. Wir gingen zum Gleis Nr. 1 und warteten auf den Zug. Nach wenigen Minuten lief der Zug ein. Ich verabschiedete mich von meinen Eltern und sagte:~~

~~„Tschüss!“~~

~~„Tante Moni holt dich vom Bahnhof ab“, rief Mama mir noch zu.~~

~~Kurz vor Bonn blieb der Zug auf einmal stehen.~~ Die Leute in meinem Abteil wurden unruhig. Was war geschehen? Der Schaffner lief aufgeregt durch den Gang und sagte:

„Wir haben noch keine freie Einfahrt. Voraussichtlich werden wir mit 40 Minuten Verspätung in Bonn ankommen!“

10 Als ich endlich in Bonn eintraf, stieg ich aus dem Zug und schaute mich nach Tante Moni um. Doch wo war sie?

„Sie wollte mich doch abholen“, sagte ich zu mir.

Aufgeregt lief ich zur nächsten Telefonzelle und versuchte bei meiner Tante anzurufen. Doch es meldete sich nur der automatische Anrufbeantworter.

Ich lief ängstlich zum Bahnhofsausgang. Doch wen sah ich da? Tante Moni lief mir genau in die Arme.

„Nicole, da bist du ja endlich“, rief sie erleichtert und gab mir vor Freude einen Kuss ~~auf die Wange~~. „Ich warte schon seit einer Stunde auf dich.“

„Ich habe versucht bei dir anzurufen“, antwortete ich.

„Ich stand auf dem Bahnsteig und bin nur kurz weggegangen, um Geld in die Parkuhr zu stecken“, sagte sie lächelnd.

~~Nach dieser missglückten Ankunft wurden die Ferien bei meiner Tante besonders schön.~~

11

a) Die Absätze sind **an den richtigen Stellen** gemacht worden.

b) Zwei Antworten sind richtig:
Er enthält keine langatmige Einleitung.
Vieles ist dem Leser am Anfang des Aufsatzes noch gar nicht klar. Er versteht es erst später.

12

Bild 1:
Wir sind in einem Hotel angekommen.
Papa trägt die Koffer ins Hotelzimmer.
Der Hund läuft auf der Straße herum.
Bild 3:
Es fällt auf …, dass der Hund weg ist.
Bild 4:
Wir gehen den Hund in der Stadt suchen.
Man könnte die Leute fragen.
Bild 5:
Wir finden den Hund vor einer Würstchenbude.
Bild 6:
Der Hund hatte Hunger.
Der Hund bekommt ein Würstchen.

13

Bild 1:
Die Mädchen spielen Fußball.
Bild 2:
Ein Mädchen ist gefoult worden. Sein Fußgelenk ist gebrochen.
Es glaubt, dass das andere Mädchen es absichtlich gefoult hat.
Bild 3:
Das andere Mädchen telefoniert mit dem Notarzt.
Bild 6:
Das Mädchen, das gefoult hat.
Vermutlich ja. Fouls kommen immer mal vor.

Kapitel 3

Erzählen nach einem **Bild**

3.1 Einführung und Beispiel

Es kommt vor, dass der Lehrer/die Lehrerin den Schülern nicht eine ganze Bildserie, sondern nur **ein** Bild gibt, damit sie daraus eine Geschichte erfinden. Das Bild veranschaulicht meist den Ausgangspunkt für die Geschichte, den Höhepunkt musst du dir selbst ausdenken. Oft gibt es noch einige zusätzliche Hinweise, die dir die Aufgabe erleichtern sollen.
Sieh dir dieses Bild an:

Bildarchiv Uther, Göttingen

Zusätzliche Informationen:
Der gierige Wolf hatte so hastig ein Lamm verschlungen, dass ihm ein Knochen im Hals stecken geblieben war …
Zum Glück kam ein Storch vorbei.

Thema:
Erfinde eine Fabel* zu diesem Bild.

*(*In einer Fabel handeln und sprechen die Tiere wie Menschen. Meist steht am Ende einer Fabel eine Moral, die uns sagt, was wir aus der Fabel lernen können.)*

Wir sehen uns das Bild genau an, bevor wir mit dem Aufsatzschreiben beginnen.

Welche Tiere sind auf dem Bild zu sehen?

Ein Wolf und ein Storch.
Der Storch betätigt sich als Arzt. Der Wolf wird vom Storch behandelt. Er liegt auf dem Rücken. Die Reste seiner Mahlzeit liegen auf dem Boden.

Was tut der Storch?

Mit seinem langen Schnabel zieht er wohl den Knochen aus dem Hals des Wolfes.

Wie wird die Geschichte enden?

Nach der Behandlung ist der Wolf außer Lebensgefahr.
Er ist sehr erleichtert.
Die Geschichte könnte auch noch weitergehen:
Entweder: Der Wolf bedankt sich beim Storch und gibt ihm eine Belohnung.

Oder? …
Überleg dir selbst einen Schluss. Bedenke dabei, welch grausamen Charakter der Wolf in den Fabeln hat.

....

....

....

Aufsatz von Marco E.:

Der Wolf hatte so hastig ein Lamm verschlungen, dass ihm ein Knochen im Hals stecken geblieben war. Zum Glück kam in diesem Augenblick Dr. Storch vorbei.

Er sah das Unglück des Wolfes, der fast am Ersticken war. Er hatte Mitleid und versuchte den Knochen mit seinem langen Schnabel herauszuziehen. Nach einigen missglückten Versuchen hatte Dr. Storch den Knochen gefasst und zog ihn vorsichtig aus dem Hals.

Der Wolf fühlte sich erleichtert. Er bedankte sich beim Storch und gab ihm als Belohnung ein Stück des Lammes. Der Storch bedankte sich ebenfalls und flog davon. Der Wolf winkte ihm noch lange mit dem Schwanz hinterher und dachte: „Ein Glück, dass Störche einen so langen Schnabel haben!“

Als Marco seinen Aufsatz in der Klasse vorgelesen hatte, protestierten einige Mitschüler: „Dieser Schluss passt nicht zum Charakter des Wolfes!“ Der letzte Abschnitt müsste ganz anders lauten:

Darauf fühlte sich der Wolf erleichtert. Alle Angst war vorbei, sein schlechter Charakter zeigte sich wieder. Als Dr. Storch seine Belohnung forderte, wurde der Wolf wütend:

„Was, du willst eine Belohnung? Du bist dümmer als eine Gans! Sei froh, dass du deinen Schnabel wieder aus meinem Rachen ziehen durftest. Wenn du jetzt nicht still bist, beiße ich dir deinen langen Hals durch!“

Der Storch flog traurig davon und dachte: „Undank ist der Welt Lohn.“

Du wirst zugeben, dass der zweite Schluss besser ist. In den Fabeln ist der

Wolf **böse** und **grausam.** Es wäre doch merkwürdig, wenn sich ein böser Wolf bei einem Vogel bedankt, den er auch noch gern gefressen hätte.

Was solltest du beachten, wenn du eine Erzählung nach **einem** Bild erfinden sollst?

- *Sieh dir das Bild ganz genau an.*
  Wer sind die Personen/Figuren? Was tun sie?
- *Überleg dir: Wie könnte die Geschichte beginnen?*
  Wie könnte die Geschichte enden?
- *Der letzte Teil deiner Geschichte sollte der Höhepunkt sein.*
  Was bietet sich dafür an?
  Was entspricht am besten dem Charakter der Personen/Figuren, die man auf dem Bild sieht?

3.2 Übungsaufgaben

15

Bildarchiv Uther, Göttingen

Thema:

Erzähle eine Fabel, in der die beiden Ziegen vorkommen.
Welche Moral würde zu deiner Fabel passen?

Bevor du mit deinem Aufsatz anfängst, sieh dir das Bild genau an!

Welche Tiere sind auf dem Bild zu sehen?

....

....

....

....

Wo befinden sich die beiden Tiere?

....

....

....

....

Welche Absichten haben die beiden Tiere? Was tun sie?

....

....

....

....

Wie könnte die Fabel enden?
(Versetze dich in den Charakter der beiden Tiere.)

....

....

....

....

Zusatzaufgabe:
Als ich dieses Thema für einen Klassenaufsatz stellte, haben die Schülerinnen und Schüler sehr unterschiedliche Einleitungen geschrieben. Lies sie durch und kreuze an, welche Einleitung die beste ist.

Eines Tages trafen sich zwei Ziegenböcke an einem Wildbach, über den ein schmaler Steg führte. Beide wollten gleichzeitig den Bach überqueren. **(A. R.)**

Auf der einen Seite des Wildbaches stand eine Ziege und auf der anderen Seite stand auch eine Ziege. Über den Bach führte ein schmaler Steg. Beide Ziegen wollten als Erste über den Bach gehen und trafen sich in der Mitte des Stegs. **(A. H.)**

Zwei gleich starke Ziegen wollten einmal zur gleichen Zeit von verschiedenen Seiten über einen Wildbach. Leider gab es nur einen schmalen Steg darüber. **(R. Sch.)**

„Geh mir aus dem Weg", sagte die erste Ziege und senkte drohend ihre Hörner. **(E. G.)**

Es waren einmal zwei Ziegenböcke, die wollten über einen schmalen Steg, der über einen Wildbach führte. Die eine Ziege kam von links und die andere von rechts. Sie trafen sich auf der Mitte des Stegs. **(A. W.)**

Welche Einleitung ist die beste?
(Beachte auch, was du auf Seite 41 dieser Schülerhilfe gelernt hast.)

16

Der Wolf und das Lamm

(Die Zeichnung stammt von der Schülerin Rebecca Kuhnert.)

Thema:

Erzähle eine Fabel vom Wolf und vom Lamm.
Welche Moral würde zu deiner Fabel passen?

Bevor du mit deinem Aufsatz beginnst, sieh dir das Bild genau an!

Welche Tiere siehst du auf dem Bild?

Welchen Charakter haben diese Tiere in den Fabeln?

Was will der Wolf wohl erreichen?

Wie könnte die Fabel enden?

3.3 Lösungen

Welche Tiere sind auf dem Bild zu sehen?
Zwei Ziegen.

Wo befinden sich die beiden Tiere?
Auf einem Steg, der über einen Wildbach führt.
Unten sieht man einen reißenden Bach.

15

Welche Absichten haben die beiden Tiere? Was tun sie?
Sie wollen beide über den Steg.
Sie greifen sich gegenseitig an.

Wie könnte die Fabel enden?
Vielleicht fallen sie beide in den Bach.
Vielleicht gibt eine Ziege nach.

Die beste Einleitung ist die von **E. G.**
Sie ist durch die wörtliche Rede lebendig und schafft Spannung.

16

Welche Tiere siehst du auf dem Bild?
Einen Wolf und ein Lamm.

Welchen Charakter haben diese Tiere in den Fabeln?
Der Wolf ist böse und grausam. Das Lamm ist schwach und unschuldig.

Was will der Wolf wohl erreichen?
Er will das Lamm fressen.

Wie könnte die Fabel enden?
Der Wolf frisst das Lamm.
Oder: **Das Lamm flüchtet.**

Kapitel 4

Einen Erzählanfang fortsetzen

4.1 Einführung und Beispiele

„Am schwierigsten ist immer der Anfang einer Geschichte“, hatte mir eine Schülerin gesagt.
„Das stimmt!“, meinten die anderen.
„Dann müssten euch die Aufsatzthemen besonders gefallen, bei denen der Erzählanfang vorgegeben wird!“
„Gibt es solche Aufsatzthemen?“
„Sie sind gar nicht so selten …“

Eulenspiegel, der berühmte Narr, lebte im 14. Jahrhundert. Auf der Abbildung sitzt er auf einem Pferd und hat eine Eule und einen Spiegel in der Hand. Er hatte viel Spaß, wenn er den Leuten nachweisen konnte, dass sie noch viel größere Narren waren als er.

Lies den Anfang eines Kapitels aus dem „Eulenspiegel“.

Wie Eulenspiegel zu Magdeburg vom Rathauserker herabfliegen wollte

Bald nach dieser Zeit kam Eulenspiegel gen Magdeburg und machte dort so viele Anschläge*, dass sein Name in aller Munde kam.
Die besten Bürger der Stadt forderten ihn einst auf, er möge etwas recht Abenteuerliches vollführen. Da sagte er, er wolle vom Rathauserker herabfliegen. Nun wurde ein Geschrei in der ganzen Stadt, und jung und alt versammelte sich auf dem Markt, um zuzusehen. Eu-

* *Streiche*

lenspiegel stieg auf den Erker des Rathauses und bewegte seine Arme, als ob er fliegen wollte. Die Leute standen da, rissen Augen und Mäuler auf und meinten nicht anders, als dass er wirklich fliegen könne …

Thema:

Erzähle die Geschichte zu Ende.
(Bedenke, dass Eulenspiegel nicht zaubern kann und sich über die Leute lustig machen will.)

Wie könnte die Geschichte zu Ende erzählt werden?
Hast du Ideen?

. . . .
. . . .
. . . .
. . . .
. . . .
. . . .
. . . .
. . . .

Christian meinte:
„Eulenspiegel soll vom Erker auf den Markt fliegen. Er könnte einen Trick verwenden, zum Beispiel an einem Seil herunterrutschen und so tun, als ob er fliegt …"

Markus ergänzte:
„Dann sammelt er Goldstücke bei den Leuten ein. Der Bürgermeister hat den Trick durchschaut, will auch hinabgleiten und Geld einsammeln. Aber er ist ungeschickt und zu schwer und fällt herunter. Eulenspiegel lacht den verletzten Bürgermeister aus."

Nina meinte:
„Das ist alles zu kompliziert. Eulenspiegel stellt sich an den Erker und lacht die vielen Leute aus, weil sie es für möglich gehalten haben, dass er fliegen könne."

Hier ist der **Aufsatz von Christian T. und Markus A.:**

… Eulenspiegel rief den Leuten zu: „Tretet alle zurück, damit ihr in Sicherheit seid, wenn ich fliege!" Alle traten zurück und ließen einen weiten, freien Platz um den Rathausgiebel. Eulenspiegel hatte das angeordnet, weil er ein graues Seil an dem Rathaus befestigt hatte. Er hielt sich an dem Seil fest, wedelte trotzdem mit den Armen wie ein Vogel und „schwebte" auf den Marktplatz hinab. Die Leute waren begeistert, klatschten und gaben Eulenspiegel viele Goldstücke. Der Bürgermeister stand in der Nähe des Erkers und hatte den Trick durchschaut. Er wollte auch Goldstücke haben und rief den Leuten zu: „Ich kann auch fliegen!" Er war aber ungeschickt, konnte sich nicht richtig festhalten und war auch viel zu schwer. Er fiel auf den Marktplatz und blieb verletzt liegen. Da sagte Eulenspiegel lachend: „Die Magdeburger haben einen Bürgermeister, der ist noch ein größerer Narr als ich!"

Aufsatz von Nina Pf.:

… Eulenspiegel freute sich, dass so viele Zuschauer gekommen waren. Er fragte die Leute: „Glaubt ihr, dass ich jetzt fliegen werde?" „Natürlich!", feuerten sie ihn an. „Dir ist alles zuzutrauen! Flieg endlich los!" Da rief Eulenspiegel: „Liebe Leute! Ich dachte immer, dass ich der größte Narr bin." Die Leute lachten und antworteten: „Das bist du auch!" Eulenspiegel rief spöttisch: „Ihr seid noch viel größere Narren als ich. Ich hätte nie geglaubt, dass ein Mensch fliegen kann. Er hat doch keine Flügel wie ein Vogel. Aber ihr, ihr glaubt solchen Unsinn. Ihr seid die größten Narren. Magdeburg ist eine Stadt voller Narren!" Darüber lachten nur wenige Leute, weil es niemand gern hat, wenn ihm nachgewiesen wird, dass er ein Narr ist.

17

a) In beiden Aufsätzen macht sich Eulenspiegel über andere Leute lustig.

Im Aufsatz von Christian und Markus:

Im Aufsatz von Nina:

b) Beide Aufsätze sind „sehr gut" gelungen. Welcher gefällt dir besser?
Der Aufsatz von Christian und Markus: ○

Der Aufsatz von Nina: ○

Deine Begründung:

Was solltest du bei der Fortsetzung eines Erzählanfangs besonders beachten?

- *Lies den Erzählanfang aufmerksam durch.*
  Die Fortsetzung muss zu dem Anfang passen.
- *Versetze dich auch in die Personen.*
  So wie sie am Anfang charakterisiert worden sind, müssen sie sich auch in der Fortsetzung verhalten. (Es wäre zum Beispiel falsch, aus Eulenspiegel einen Zauberer zu machen, der wirklich fliegen kann.)
- *Bei der Fortsetzung der Geschichte musst du vor allem an den Höhepunkt denken.*

Das zweite Beispiel stammt nicht aus dem Lesebuch, sondern aus dem täglichen Leben. – Sicher hast du schon viel erlebt, wenn du mit deinem Vater oder deiner Mutter im Auto mitgefahren bist. Auf Seite 25ff. dieser Schülerhilfe wurde eine solche Situation schon einmal beschrieben. Du erinnerst dich?

Im Auto unterwegs

Thema:
Erzähle die folgende Geschichte weiter:

„Du musst tanken!", hatte meine Mutter bereits vor einer halben Stunde gesagt. Aber mein Vater war an mehreren Tankstellen vorbeigefahren. Er hatte mit Mühe zwei BMWs überholt und wollte seine Spitzenposition nicht aufgeben …

Aufsatz von Marco E.:

„Du musst tanken!", hatte meine Mutter bereits mehrmals gesagt. Aber mein Vater war an mehreren Tankstellen vorbeigefahren. Er hatte mit Mühe zwei BMWs überholt und wollte seine Spitzenposition nicht mehr aufgeben. „Wim, du musst endlich tanken!", sagte meine Mutter.

„Papa, sieh doch, der Zeiger steht auf null!“ Ich deutete auf die Benzinuhr. Aber mein Vater reagierte nicht. Im Gegenteil! Er gab sogar noch mehr Gas, besonders auf geraden Strecken, damit die BMWs uns nicht überholten. Meine Mutter und ich sagten nichts mehr.

Dann geschah das „Unglück“. Obwohl mein Vater das Gaspedal ganz durchtrat, wurde der Wagen langsamer und blieb stehen. Die BMWs bremsten auch, fuhren dann aber vorbei und zeigten uns den Vogel.

„Da hast du selbst Schuld, Wim. Du hättest auf uns hören sollen!“

Da stieg mein Vater aus und sagte:

„Wartet hier auf mich!“

20 Minuten später kam Papa wieder zurück. Er brachte einen Benzinkanister und eine Packung Butterkekse für uns mit.

Tipp

Dieser Aufsatz enthält eine gute Erzählung.

Man könnte den Aufsatz noch verbessern, wenn man sich die erzählten Vorgänge und die Personen ganz genau vorstellt.

Wie sagt die Mutter: „Wim, du musst tanken!“?

....

Wo bleibt das Auto stehen?

....

Was fühlt der Papa, als er aussteigt?

....

Wie schmecken die Butterkekse, die er mitbringt?

....

Ich habe den Aufsatz von Marco auf Folie geschrieben.

Dann haben die Schüler Folgendes ergänzt:

„Du musst tanken!“, hatte meine Mutter bereits mehrmals **eindringlich** gesagt. Aber mein Vater war an mehreren Tankstellen vorbeigefahren. Er hatte mit Mühe zwei BMWs überholt und wollte seine Spitzenposition nicht mehr aufgeben.
„Wim, du musst endlich tanken!“, sagte meine Mutter.
„Papa, sieh doch, der Zeiger steht auf null!“ Ich deutete **aufgeregt** auf die Benzinuhr.
Aber mein Vater reagierte **überhaupt** nicht. Im Gegenteil! Er gab sogar noch mehr Gas, besonders auf geraden Strecken, damit die BMWs uns nicht überholten. Meine Mutter und ich sagten nichts mehr.
Dann geschah das „Unglück“. Obwohl mein Vater das Gaspedal ganz durchtrat, wurde der Wagen langsamer und blieb **in einer Kurve** stehen. Die BMWs bremsten auch, fuhren dann aber **hupend** vorbei und zeigten uns den Vogel.
„Da hast du selbst Schuld, Wim. Du hättest auf uns hören sollen!“
Da stieg mein Vater **wütend** aus und sagte **kurz**:
„Wartet hier auf mich!“
20 Minuten später kam Papa **lächelnd** wieder zurück. Er brachte einen **halb vollen** Benzinkanister und eine Packung **leckere** Butterkekse für uns mit.

- *Je genauer du dir die erzählten Vorgänge und die vorkommenden Personen vorstellst, umso genauer kannst du sie beschreiben.*
- *Verwende Adjektive (Eigenschaftswörter), adverbiale Bestimmungen! Dadurch gewinnt deine Erzählung an Anschaulichkeit und Farbe!*

4.2 Übungsaufgaben

Erzählanfang:
Ich habe meine Oma sehr lieb. Sie hat nur einen Fehler: mich beim „Mensch-ärgere-dich-nicht“ zu beschummeln, wo sie nur kann …

Thema:
Erzähle die Geschichte weiter.

Tipp

Stoffsammlung:

Wie könnte die Oma schummeln?

- Sie könnte mich in die Küche schicken, damit ich ihr Wasser hole und sie ihre Herztabletten einnehmen kann.
-
-
-

Wie könnte die Erzählung enden?

Die Oma gewinnt und ich ärgere mich.
Ich zeige ihr aber nicht, dass ich mich ärgere.

Oder?

Ein fertiger Aufsatz steht auf Seite 71–72.

19

Eulenspiegels Testament

Lies den Anfang der Geschichte:

Als Eulenspiegel immer kränker wurde, setzte er sein Testament auf und vergab sein Gut in drei Teilen: einen Teil seinen Freunden, einen Teil dem Rat von Mölln und einen Teil dem Kirchherrn von Mölln. Er gab dazu jedoch folgende Weisung: Wenn Gott der Herr über ihn geböte und er stürbe, so solle man seinen Leichnam in geweihter Erde begraben und für seine Seele sorgen mit vielen Totengebeten und Seelenmessen nach christlicher Ordnung und Gewohnheit. Und nach vier Wochen sollten sie einhellig den Inhalt der schönen Kiste, die er ihnen zeigte, wohl verwahrt mit kostbaren Schlüsseln – und sie sei noch erst aufzuschließen –, untereinander teilen und sich gütlich darüber einigen. Das nahmen die drei Parteien an, und Eulenspiegel starb …

Thema:

Erzähle die Geschichte zu Ende.
(Überlege zunächst, ob ein Narr überhaupt einen Schatz hinterlässt. Ist das wahrscheinlich? Beachte dabei auch die Illustration.)

4 Einen Erzählanfang fortsetzen

Ludwig Aurbacher: **Das Milchmädchen.**

Ein Mädchen trug eines Tages Milch auf den Markt und hatte den vollen Eimer auf dem Kopf. Unterwegs vertrieb sie sich die Zeit mit allerlei Gedanken, wie sie allmählich eine reiche Frau werden wolle. Das rechnete sie aber folgendermaßen aus: „Aus der Milch löse* ich Geld, dass ich eine Henne kaufen kann. Die Henne legt mir Eier und brütet sie mir aus, und so bekomme ich mit der Zeit viel Geflügel. Für das Geld, das ich aus dem Geflügel löse, kaufe ich mir ein Kalb, das wird eine Kuh; und die Kuh bringt mir wieder Kälber …

** lösen: verdienen*

Thema:

Erzähle die Geschichte zu Ende.
(Beachte dabei das Bild.)

Bildarchiv Uther, Göttingen

4.3 Lösungen

a) Im Aufsatz von Christian und Markus:
17 **Eulenspiegel macht sich über den Bürgermeister lustig.**
Im Aufsatz von Nina:
Eulenspiegel macht sich über die Magdeburger lustig.

Aufsatz von Maximilian J.:

Ich habe meine Oma sehr lieb. Sie hat nur einen Fehler: mich beim „Mensch-ärgere-dich-nicht“ zu beschummeln, wo sie nur kann.

So war es auch am letzten Sonntag. Nachdem wir das Spiel aufgebaut und einige Spielzüge gemacht hatten, sagte sie zu mir:

„Max, ich habe vergessen, meine Herztabletten zu nehmen. Geh bitte in die Küche und hol mir ein Glas Wasser!“

18 Als ich schnell ins Wohnzimmer zurückkam, sah ich gerade noch, wie Oma eine Figur umstellte.

„Hast du schon wieder gemogelt, Oma!“, rief ich empört.

„Aber Max, was denkst du von mir“, sagte Oma lächelnd.

Wir spielten weiter. Nach kurzer Zeit stieß Oma ungeschickt eine Figur auf den Boden. Ich bückte mich, um sie aufzuheben. Schon wieder! Ich konnte gerade noch sehen, wie Oma eine von meinen roten Figuren verschwinden ließ. Aber weil ich meine Oma so gern habe, sagte ich nichts.

→

Ich passte jetzt höllisch auf! Trotzdem siegte meine Oma. Sie sagte zu mir:

„Schon wieder verloren, Max! Du lernst es wohl nie!“

Obwohl sie zweimal geschummelt hatte, ärgerte ich mich sehr, zeigte es ihr aber nicht.

Kapitel 5

Ausgestaltung eines Erzählkerns

Woher nehmen große Schriftsteller die Ideen für ihre Romane? Es ist bekannt, dass bedeutende Romane in folgender Weise entstanden sind: Genau wie du und ich haben Schriftsteller in der Zeitung gelesen. Ein Zeitungsartikel ist ihnen aufgefallen, hat ihre Fantasie beflügelt. Nach und nach ist aus einem kleinen Vorfall ein ganzer Roman entstanden.

In ähnlicher Weise werden auch Themen für Hausaufsätze und Klassenaufsätze gestellt. Ein kleiner Vorfall dient dir als **Erzählkern,** den du für deinen Aufsatz ausgestalten sollst.

5.1 Ein Beispiel

Lies den Zeitungsartikel durch. Wie kann man daraus eine hübsche Erzählung machen?

Schäferhund rettet Dackel aus Container

Dortmund, 17. 2.

Ein Schäferhund hat in Dortmund einen hilflos in einem Papiercontainer feststeckenden Dackel gerettet. Wie die Polizei am Montag mitteilte, witterte der Schäferhund den Artgenossen und zog seine Besitzerin kurzerhand zu dem auf einem Parkplatz stehenden Behälter. Dort habe der Hund erst Ruhe gegeben, als die Frau durch den Einfüllschacht geschaut und zwischen dem eingefüllten Papier den hilflosen Dackel entdeckt habe. Die von der Hundehalterin alarmierte Polizei konnte den Dackel schließlich unverletzt befreien. Das Tier war offenbar von einem Tierquäler in den Container geworfen worden.

Thema:

Erzähle den Vorfall ausführlich in der Ichform.

Tipp

Stoffsammlung:
Im Unterricht wurde von den Schülerinnen und Schülern zunächst ein Handlungs**gerüst** an die Tafel geschrieben:

1. Mutter backt Kuchen. Ihr fehlt Zucker.
2. Ich soll im Supermarkt Zucker kaufen gehen. Ich nehme den Dackel „Felix“ mit.
3. Ich binde den Hund draußen vor dem Geschäft an.
4. Ich kaufe den Zucker. Muss an der Kasse lange warten.
5. Ich komme aus dem Geschäft. Der Hund ist weg.
6. Ein Schäferhund macht mich auf den Müllcontainer aufmerksam.
7. Ich gehe zum Müllcontainer und höre Felix winseln.
8. Eine Frau passt auf Felix auf.
9. Ich laufe nach Hause.
10. Mutter benachrichtigt die Polizei.
11. Sie holt Felix aus dem Müllcontainer heraus.
12. Große Freude.

Erzählkern aus der Zeitung (Punkte 6, 7, 10, 11)

Wie könnte man den Aufsatz anfangen? Verschiedene Schülerinnen und Schüler schlugen folgende Einleitungen vor:

Julia E.:
Als ich vom Schwimmen nach Hause kam,
sagte meine Mutter zu mir:
„Kannst du mir Zucker im Supermarkt holen?“
Ich sagte: „Ja!“ und ging mit meinem Dackel Felix los.

Stephanie V.:
An einem Samstagmorgen, wir hatten gerade gefrühstückt,
fragte mich meine Mutter:
„Stephanie, kannst du mir Zucker im Supermarkt holen? Ich möchte für Sonntag einen Kuchen backen.“

Daniel F.:
Ich war im Supermarkt. Meine Mutter hatte mich gebeten, dass ich Zucker holen sollte. Ich band meinen Dackel vor dem Geschäft fest, weil man ihn nicht mitnehmen darf.

Kathrin P.:
„Felix, du musst draußen bleiben. Ich bin gleich wieder da.“ Ich band meinen Dackel an den Fahrradständer und ging in das Geschäft, um für meine Mutter Zucker zu kaufen.

Anja H.:
„Wo bleibst du nur so lange, Anja? Es kann doch nicht eine halbe Stunde dauern, bis du Zucker im Supermarkt gekauft hast!“ Ich war noch ganz aufgeregt:
„Stell dir vor, Mama, jemand hat unseren Dackel in den Müllcontainer geworfen.“

Welche Einleitung würdest du bevorzugen?
Schreib den Namen des Schülers auf:

. . . .

Die Schülerinnen und Schüler in meiner Klasse diskutierten ebenfalls über die Vor- und Nachteile der verschiedenen Einleitungen:

Zur Einleitung von Julia:
„Zu langweilig." „Das Schwimmen hat nichts mit der Geschichte zu tun."

Zur Einleitung von Stephanie:
„Auch zu langweilig." „Immerhin erfahren wir, warum der Zucker gekauft werden soll."

Zur Einleitung von Daniel:
„Besser!" Daniel fängt mit dem Abschnitt 3 an.

Zur Einleitung von Kathrin:
Auch Kathrin fängt nicht von vorne, sondern mit dem Abschnitt 3 an. „Wörtliche Rede am Anfang eines Aufsatzes wirkt lebhaft."

Zur Einleitung von Anja:
„Sehr gewagte Einleitung." Anja fängt erst mit Abschnitt 9 an. „Dann musst du die Abschnitte 1–8 in wörtlicher Rede nachholen."

Die Aufsätze von Kathrin und Anja kannst du im Folgenden lesen:

Aufsatz von Kathrin P.:

„Felix, du musst draußen bleiben. Ich bin gleich wieder da."

Ich band meinen Dackel an den Fahrradständer und ging in das Geschäft, um für meine Mutter Zucker zu kaufen. An der Kasse warteten viele Kunden. Deshalb war ich erst nach 10 Minuten wieder draußen.

„Wo ist Felix?" Am Fahrradständer war er nicht!
„Felix! Felix!!" Wo ist er geblieben? Hatte er sich losgerissen? „Felix!" Ich suchte meinen Dackel auf dem Parkplatz. Ich fand ihn nirgends. „War er schon nach Hause gelaufen?"

Ich bemerkte, dass ein Schäferhund um mich herumlief. Er war auffällig nervös. Schließlich stellte er sich vor den Müllcontainer, sah zu mir hin und bellte. „Was hat das zu bedeuten?“ Ich ging zum Müllcontainer und hörte … ein Jaulen. Das war Felix! Im Container!

Ich bat eine ältere Dame, auf Felix aufzupassen, und lief nach Hause, um es meiner Mutter zu erzählen. Sie rief sofort die Polizei an, die den Felix befreite.

Man kann sich denken, wie glücklich der verängstigte Hund war. Er sprang an mir hoch. Ich nahm ihn auf den Arm. Er leckte mein Gesicht ab.

Was ist an Kathrins Aufsatz besonders gelungen?

Zeile 5–8:
Kathrin beschreibt sehr anschaulich, wie sie den Dackel sucht und was sie dabei denkt.

5 Ausgestaltung eines Erzählkerns

Zeile 1–12:
und hörte … ein Jaulen. Die drei Punkte sollen die Spannung erhöhen.

Zeile 12:
Das war Felix! Im Container! Kathrin drückt ihre Aufregung aus, indem sie nur noch Ausrufe verwendet, keine vollständigen Sätze.

Aufsatz von Anja H.:

„Wo bleibst du nur so lange, Anja? Es kann doch nicht eine halbe Stunde dauern, bis du Zucker im Supermarkt gekauft hast!"

Ich war noch ganz aufgeregt:

„Stell dir vor, Mama, jemand hat unseren Dackel in den Müllcontainer geworfen. Jetzt kann er nicht mehr raus!"

Meine Mutter war sprachlos.

„Ich konnte Felix nicht ins Geschäft mitnehmen und habe ihn deshalb draußen angebunden. Vor der Kasse musste ich ziemlich lange warten, und als ich wieder draußen war, war Felix verschwunden."

„Wie hast du ihn wieder gefunden?"

„Ja, das war vielleicht merkwürdig! Ein Schäferhund lief um mich herum, stellte sich vor den Müllcontainer und bellte mich an. Ich war neugierig und ging hin. Da hörte ich unseren Felix im Müllcontainer winseln. Jemand muss ihn hineingeworfen haben."

Meine Mutter benachrichtigte die Polizei. Sie kam mit einem Angestellten der Müllentsorgungsfirma zum Supermarkt.

„Es gibt immer wieder Tierquäler, die an solchem Unsinn Spaß haben!", sagte der Mann und holte den Dackel aus dem Container.

Da war die Freude groß! Ich nahm den verängstigten Felix auf den Arm und streichelte ihn liebevoll.

Was ist an Anjas Aufsatz besonders gut gelungen?

- Der Aufbau des Aufsatzes: Sie fängt mit dem Höhepunkt des Aufsatzes (Abschnitt 9) an. Die Abschnitte 1–8 erzählt sie anschließend.

- Ihr Aufsatz ist spannend.
  Wir möchten wissen, warum Anja eine halbe Stunde weg war.
  - wie Anja den Hund wieder gefunden hat.
  - wie der Hund befreit wurde.

- Anja gebraucht viele Adjektive.

  Zeile 3: ....

  Zeile 6: ....

  Zeile 12: ....

  Zeile 19: ....

Was ist bei diesen Aufsätzen besonders zu beachten?

- *Stelle zunächst fest, was im „Erzählkern" steht.*
- *Es ist hilfreich, wenn du die Abschnitte der Erzählung untereinander auf einem Schmierzettel aufschreibst.*
- *Überlege dann, wie du den Erzählkern nach vorn und nach hinten ausgestalten kannst.*
- *Schreibe alle Erzählschritte in der richtigen Reihenfolge untereinander (siehe S. 74).*
- *Überlege zum Schluss, ob du wirklich mit dem ersten Abschnitt beginnst – oder ob du mit einem späteren Abschnitt anfängst und die anderen später nachholst (vergleiche die Aufsätze von Kathrin und Anja).*

5.2 Übungsaufgaben

21 Lies den Zeitungsartikel aufmerksam durch.

Alarm per Torte

Hechingen, 16. 3.
Einen Feuerwehreinsatz hat eine Geburtstagstorte in Hechingen (Baden-Württemberg) ausgelöst. Als zwei Schülerinnen ihren Lehrer zu Unterrichtsbeginn mit der Kalorienbombe überraschen wollten, rückten die Brandschützer mit mehreren Einsatzfahrzeugen und Blaulicht an, berichtete die Polizei am Freitag. Des Rätsels Lösung: Die brennenden Wunderkerzen auf der Torte hatten die Rauchmelder der Schule aktiviert.

Thema:
Erzähle den Vorfall ausführlich in der Ichform.

Tipp

Stoffsammlung:

Zwei Schülerinnen überraschen ihren Lehrer mit der Torte.

Feuerwehrleute kommen ins Klassenzimmer.

Die brennenden Wunderkerzen haben die Rauchmelder aktiviert.

Erzählkern aus der Zeitung

Die Erweiterung dieses Erzählkerns bietet sich vor allem am Anfang an: Warum wollen die Mädchen den Lehrer mit einer Torte überraschen? Wie bereiten sie alles vor?

22 Lies den Zeitungsartikel aufmerksam durch.

Buntspecht störte den Unterricht

Bad Königshofen
Ein Buntspecht hat im unterfränkischen Bad Königshofen hartnäckig eine Schule bearbeitet. Einen ganzen Tag lang hackte der Vogel faustgroße Löcher in die erst kurz zuvor frisch verputzte Fassade der Grund- und Hauptschule und störte mit seinem steten Klopfen auch den Unterricht der 700 Schüler. Er selbst ließ sich dabei nicht stören – alle Versuche, den Specht zu vertreiben, waren nach Angaben des Schulleiters zunächst vergebens. Erst nachdem die Feuerwehr alle Außenwände des Gebäudes mit Girlanden aus Stanniolpapier versehen hatte, ließ der Buntspecht von seinen Attacken ab. Der Schaden wird auf 4000 Euro geschätzt.

Thema:
Erzähle den Vorfall so, als ob dein Freund/deine Freundin ihn erlebt hat.

Tipp

Stoffsammlung:

Man hört klopfen.
Der Unterricht wird gestört.

Ein Specht klopft von außen.
Man versucht den Specht zu verscheuchen.
Die Feuerwehr versieht die Außenwand mit Stanniolpapier.

Erzählkern aus der Zeitung

Du könntest so anfangen: In der Klasse wurde eine Klassenarbeit geschrieben.

Die besten Möglichkeiten für die Ausgestaltung des Erzählkerns bestehen darin, dass Lehrer und Schüler nach den Ursachen des Klopfens suchen. Dabei verdächtigt der Lehrer die Schüler usw.

23

Lies den Zeitungsartikel aufmerksam durch.

Auch das noch

Vom Pech ist offenbar ein unachtsamer Jogger im Schweriner Schlosspark verfolgt worden. Der Sportler lief am Mittwoch in die lang ausgerollte Leine einer Hundebesitzerin, die ihren Liebling ausführte. Der in die Leine verstrickte Jogger stürzte und riss die etwas betagtere Dame dabei mit zu Boden. Als er ihr wieder auf die Beine helfen wollte, sah das der Hund offensichtlich als Angriff auf sein Frauchen an und verbiss sich in den Unterschenkel des Joggers. Beim Versuch, sich von dem Hund zu befreien, schnappte dieser zu allem Überfluss noch einmal zu und fügte dem Pechvogel eine zweite Verletzung an der Hand zu.

Thema:

Du hast den Vorfall beobachtet und erzählst ihn deinen Eltern.
(Du möchtest, dass deine Eltern darüber lachen.)

Tipp

Überlege dir auch bei diesem Thema:

Welche Vorgänge bietet bereits der Erzählkern?
Wie könntest du den Erzählkern ausgestalten?

Kapitel 6

Erzählen nach Reizwörtern

Eine beliebte Themenstellung, die es auch im Englischunterricht gibt, ist, dass du mehrere **Reizwörter** kombinieren sollst, um eine hübsche, vielleicht sogar spannende Geschichte zu erzählen. Die Reizwörter sollen deine Fantasie zu einer guten Geschichte reizen.

6.1 Ein Beispiel

Ein Aufsatzthema lautet so:

Erzähl eine Geschichte mit der Überschrift:
- **Aufregung beim Klassenausflug**

und verwende dabei folgende Reizwörter:
- **Schlossbesichtigung**
- **Langeweile**
- **Himmelbett**

Ein Himmelbett sieht so aus:

Wie kann man aus diesen „Reizwörtern“ eine Geschichte machen, zu der die Überschrift passt „Aufregung beim Klassenausflug“?

Welche Wörter lassen sich **am leichtesten** kombinieren?

Michael meinte:

Klassenausflug, Schlossbesichtigung, Langeweile.

„Der zu erzählende Vorfall ereignete sich beim **Klassenausflug.** – Während des Klassenausflugs machten wir eine **Schlossbesichtigung.** – Die meisten Schlossbesichtigungen sind **langweilig,** wenn sie zu lange dauern oder wenn man müde ist."

Jetzt fehlen noch die Wörter **Aufregung** und **Himmelbett.**

Michael überlegte:

„Wodurch kann bei einer langweiligen Schlossbesichtigung Aufregung entstehen?
Ein Schüler fehlt nach der Schlossbesichtigung!
Wo ist er?
Im **Himmelbett!** Er hat sich dort hingelegt und schläft."

Michaels Freund Andreas setzte hinzu:

„Die Hauptperson sollte ein Mädchen sein. Ein Junge würde sich nicht in ein Himmelbett legen."

Damit haben wir genug Stoff für eine Erzählung.

Aufsatz von Michael U. und Andreas W.:

Jedes Jahr macht unsere Klasse einen Klassenausflug. Unsere Lehrerin möchte, dass wir während des Klassenausflugs etwas Interessantes besichtigen. Diesmal war es das Schloss Neuenkirchen.

Dort besichtigte man viele prunkvolle Säle. Der Aufseher erklärte uns alle Einzelheiten. Die meisten von uns fanden die Besichtigung langweilig. Einige von uns waren auch müde, weil wir am Abend zuvor Lisas Geburtstag gefeiert hatten.

Endlich war die Besichtigung zu Ende. Unsere Lehrerin zählte die Schüler durch. Einer fehlte.

„Wer fehlt?", fragte sie.

„Lisa!"

„Hat jemand von euch Lisa gesehen?"

„Nein."

„Vielleicht ist sie noch im Kassenraum? Oder schon im Bus? Oder auf der Toilette?“

Sie war nirgends zu finden. Die Lehrerin rief Michael, den Klassensprecher:

„Michael, wir müssen noch einmal ins Schloss und Lisa suchen.“

Also gingen wir zum Aufseher und berichteten ihm, dass eine Schülerin verschwunden war. Wir gingen noch einmal durch das ganze Schloss. Und wo fanden wir Lisa? In einem Himmelbett. Dort lag sie schlafend – wie eine Prinzessin.

24

a) Michael und Andreas beschreiben **nicht** das Schloss.
Das ist richtig. ○
Das ist falsch. ○
(Sie hätten es beschreiben müssen.)

b) Michael und Andreas erzählen nicht, wie einige Schülerinnen Lisa im Kassenraum, im Bus und auf der Toilette suchten. Sie sagen nur das Ergebnis: Lisa war nicht zu finden.
Das ist richtig. ○
Das ist falsch. ○

c) Michael und Andreas erzählen nicht, wie Lisa aufgeweckt wird.
Das ist richtig. ○
Das ist falsch. ○

d) Michael und Andreas sagen nicht, ob Lisa bestraft wurde.
Das ist richtig. ○
Das ist falsch. ○

e) Der Aufsatz von Michael und Andreas endet mit einer **Pointe.**
(Eine Pointe ist ein witziger, geistreicher, überraschender Schlusssatz.)
Wie lautet die Pointe?

Auch der Aufsatz von Marco (Seite 65–66) endet mit einer überraschenden Pointe:

Ebenfalls der Aufsatz von Christian und Markus (Seite 63):

An diesem Beispiel hast du gesehen,
wie man aus Reizwörtern eine gute Geschichte entwickelt:

- *Wenn dir nicht gleich eine ganze Geschichte einfällt, kombiniere zunächst die Reizwörter, die sich am leichtesten kombinieren lassen. Dann hast du bereits einen groben Zusammenhang für eine Geschichte.*
- *Zum Schluss füge in diesen Zusammenhang auch die schwieriger zu kombinierenden Wörter ein. Hier brauchst du gute Einfälle!*

6.2 Übungsaufgaben

Thema:

Eine Autofahrt mit Opa
Verwende in deinem Aufsatz die Reizwörter:
Atembeschwerden, Handy, Notarzt

Tipp

Das Thema deutet einen klaren Vorgang an.
Stell dir vor, wie sich die Atembeschwerden des Opas äußern.
Wie wird das Auto gebremst?
Kannst du mit einem Handy umgehen?
Kennst du die Notrufnummer? Würdest du lieber zu Hause anrufen?
Wie kannst du beschreiben, wo sich das Auto befindet?
Du weißt: Hilfe muss **schnell** kommen. Langes Jammern und Überlegen ist in dieser Situation nicht angebracht.

26

Thema:

Waldspaziergang
Verwende in deinem Aufsatz die Reizwörter:
Herbstlaub, „zahmer" Fuchs, „Vorsicht! Tollwutgefahr!"

Tipp

Tollwut ist eine ansteckende Viruskrankheit, die von Tieren (zum Beispiel von Füchsen) übertragen wird und auch dem Menschen gefährlich wird.
Warum erscheint dir dieser Fuchs als „zahm"?
Darfst du diesen Fuchs streicheln oder nach Hause mitnehmen?
Was wird dir dein Vater sagen?

27

Thema:

Mein Freund und ich finden einen Schatz.
Verwende in deinem Aufsatz die Reizwörter:
Straßenverbreiterung, Abriss, Schatz

Tipp

Wenn eine Straße verbreitert werden soll, werden manchmal alte Häuser abgerissen. Eigentlich darf man solche leer stehenden Häuser nicht betreten. Dein Freund und du tun es trotzdem. Welchen Schatz könntet ihr finden? Goldmünzen aus der Kaiserzeit, die die Bewohner des Hauses im Krieg versteckt hatten ... Alte Zeitungen, die hinter die Tapeten geklebt worden waren ... (Du hast sicherlich auch gute Einfälle!)

6.3 Lösungen

a) Das ist **richtig.** (Der Höhepunkt des Aufsatzes ist nicht das Schloss, sondern Lisas Verschwinden.)

b) Das ist **richtig.** (Die Erzählung wäre langatmig geworden.)

c) Das ist **richtig** oder **falsch.** (Der Aufsatz wäre vielleicht zu lang geworden.)

d) Das ist **richtig.** (Der Aufsatz wäre sehr lang geworden.)

e) Wie lautet die Pointe?
24 Dort lag sie schlafend – **wie eine Prinzessin.**
Auch der Aufsatz von Marco endet mit einer überraschenden Pointe:
... und eine Packung leckere Butterkekse für uns.
Ebenfalls der Aufsatz von Christian und Markus:
„Die Magdeburger haben **einen Bürgermeister, der ist noch ein größerer Narr als ich!"**

Kapitel 7

Erlebnisaufsätze (freie Themen)

7.1 Einführung

Du hast in dieser Schülerhilfe viel gelernt, wie man gut erzählt.
Du hast gelernt,

- *dass man die **wörtliche Rede** verwenden soll,*
- *dass man in der **Vergangenheit** erzählt,*
- *dass man an geeigneten Stellen **Absätze** machen soll,*
- *wie man **anschaulich** und **spannend** erzählt,*
- *dass sich der Erzähler in das **Denken** und **Fühlen** der Personen hineinversetzt,*
- *dass du auf **langatmige Einleitungen verzichten** sollst,*
- *dass die Erzählung einen **Höhepunkt** haben soll,*
- *dass man nicht immer mit dem ersten Handlungsabschnitt anfangen muss.*

An das, was du bisher gelernt hast, solltest du dich erinnern, wenn dir **freie Themen** für Hausaufsätze und Klassenaufsätze gestellt werden: **Rahmenthemen** oder **typische Situationen,** die du selbstständig ausgestalten sollst, ohne dass dir mit Bildern, einem Erzählkern oder durch Reizwörter Hinweise gegeben werden.

Typische Rahmenthemen sind zum Beispiel:
- Erlebnisse mit Tieren
- Erlebnisse in den Ferien
- Erlebnisse in der Schule
- Erlebnisse beim Sport
- Mein Geburtstag
- Bei meinem Opa (meiner Oma, meiner Patentante)
- ...

Typische Situationen sind zum Beispiel:
- Ich habe etwas verloren
- Ich warte auf meinen Freund/meine Freundin
- Unter falschem Verdacht
- Den/Die ... werde ich niemals wieder einladen!
- In Gefahr (Noch einmal Glück gehabt!)
- Eine Überraschung
- Ich war noch nie so traurig
- ...

Tipp

Diese Aufsatzthemen verlangen von dir, dass du wirkliche Erlebnisse aufschreibst. Wenn du zum Beispiel über Tiere schreiben sollst, überlege dir zunächst, über welches Tier du schreiben willst und was du mit diesem Tier wirklich erlebt hast. Es ist für dich viel leichter, wenn du dich an einen **wirklichen Vorfall** hältst, den du dir genau vorstellen kannst, um ihn anschaulich und spannend zu erzählen. (Du kannst ihn natürlich etwas ausschmücken!)

Schwieriger ist es, wenn du dir den ganzen Vorfall ausdenkst. Dafür reicht bei einer Klassenarbeit die Zeit nicht! Und denke daran: Auch große Schriftsteller verwerten für ihre Werke Anregungen aus ihrem wirklichen Leben.

7.2 Übungsaufgaben

Im Folgenden besprechen wir drei typische Rahmenthemen.

- Zunächst überlegen wir: Was könnte man zu dem Thema schreiben?
- Dann kannst du mehrere Aufsätze durchlesen, gute und weniger gute. Wir überlegen, wie man die „weniger guten" verbessern könnte.
- Dann solltest du ebenfalls einen Aufsatz zu dem Rahmenthema schreiben.

28

Rahmenthema 1:

Erlebnisse mit Tieren

Vorüberlegung:
Über welche Tiere könnte man schreiben?
Hund, ...

Aufsatz von Rebecca Sch.:

Ein Reitunfall

Im Jahre 1893 lebte ein 12-jähriges Mädchen namens Lisa auf der Pferderanch ihres Vaters. Natürlich besaß sie ein eigenes Pferd, um das sie sich vorbildlich kümmerte. Sie verbrachte fast den ganzen Tag bei Shalimar, ihrem Schimmel. Eines Tages, als Lisa ausritt, streifte sie mit dem Kopf einen zu niedrig hängenden Ast. Bewusstlos fiel sie vom Pferd und blieb regungslos am Boden liegen. Erschrocken wich Shalimar zurück, kam aber sofort wieder zu seiner kleinen Reiterin und strich ihr sanft mit den Nüstern über das Gesicht. Als Shalimar merkte, dass er Lisa nicht helfen konnte, galoppierte er nach Hause, wo alle schon aufgeregt waren, weil Lisa nicht zurückkam.

Lisas Bruder Leo bemerkte als Erster, dass Shalimar ohne seine Reiterin in den Hof getrabt war. Ohne zu zögern schwang er sich auf den Rücken des Schimmels, ließ ihm lange Zügel, und von ganz allein galoppierte Shalimar zur Unglücksstelle. Sofort nahm Leo die bewusstlose Lisa auf seinen Arm und setzte sie vor sich auf das Pferd. So schnell wie möglich brachte er seine Schwester ins Krankenhaus, wo die Ärzte feststellten, dass Lisa außer der Gehirnerschütterung auch noch ein Bein gebrochen hatte.

Später, als sie im Bett lag und ihr Bruder ihr die ganze Geschichte erzählte, war sie sehr stolz auf ihr kluges Pferd Shalimar. Sie hatte ihr Pferd schon immer sehr geliebt, jetzt war ihre Liebe noch größer.

Aufsatz von André M.:

Auf Safari im Urwald

Als ich vor zwei Jahren mit meinen Eltern in Asien war, um dort unsere Ferien zu verbringen, haben wir viele Abenteuer erlebt. Zuerst gingen wir in ein paar Dörfer, um das Leben der Einwohner anzusehen. Am nächsten Tag haben wir uns einen Dschungelführer gesucht, denn wir wollten eine Safari in den riesigen Dschungel machen. Aber wir wollten nicht laufen, sondern uns tragen lassen – nicht von Menschen, sondern von einem Elefanten. Nachdem wir alles geplant hatten, gingen wir mittags los. Zuerst mussten wir durch einen Fluss, als Nächstes kam ein Sumpf, wo meine Mutter einen höllischen Schrecken bekam, als plötzlich ein kleiner Frosch aus dem Sumpf sprang und auf ihrem Kopf landete. Mein Vater und ich lachten uns kaputt. Dann kam auch noch ein großer Berg, den wir überqueren mussten. Auf einmal sprang mir ein süßer, kleiner Affe auf meinen Rücken. Ich war überrascht, als ich den Affen auf meinem Rücken spürte. Ich hatte für unterwegs ein paar Bonbons

eingesteckt. Wie von allen guten Geistern verlassen klaute mir der kleine Affe ein Bonbon aus der Hosentasche. Nach einer Weile kam eine große Schlange vom Baum heruntergeschlängelt. Ich habe erst gedacht, dass sie harmlos sei, aber da hatte ich mich wohl geirrt, denn plötzlich biss sie in meinen Arm. Der Führer erschoss sie sofort und sagte, dass das eine giftige Schlange war. Mein Vater band meinen Arm mit seinem Gürtel ab, damit das Gift nicht noch woanders hinkommt. Wir sind sofort zurückgeritten zum nächsten Dorf. Als wir endlich einen Arzt gefunden hatten, gab er mir eine große Spritze, machte einen Verband um meinen Arm, den ich nach drei Tagen wieder abnehmen durfte. Wir sind dann bald wieder nach Hause geflogen. Seitdem habe ich tierische Angst vor Schlangen.

Zu den Aufsätzen von Rebecca und André:

a) Vermutlich siehst du sofort, wer den besseren Aufsatz geschrieben hat:

....

b) Kannst du dir vorstellen, dass Rebecca selbst Reiterin ist?

....

Woran merkst du das in ihrem Aufsatz?

....

....

c) André hat eine „blühende Fantasie". Er war noch nie auf Safari. Woran merkt man das?

....

....

....

d) André beschränkt sich nicht auf **ein** Erlebnis mit Tieren, sondern er erzählt mindestens drei Vorfälle. Mit welchen Tieren?

.... ,

.... ,

....

e) Der Aufsatz von André wird nicht durch Absätze gegliedert. Wo hätten Absätze gemacht werden müssen? (Gib die Zeilenzahl an und das letzte Wort.)

....

....

....

f) Der Aufsatz von André enthält einige schlechte umgangssprachliche Ausdrücke. Unterstreiche sie mit Rotstift.

g) Rebeccas Aufsatz ist viel besser.
Warum ist es wichtig, dass sie im ersten Abschnitt erzählt, dass sich Lisa **vorbildlich** um das Pferd kümmerte und **fast den ganzen Tag** mit ihm verbrachte?

....

....

Rebeccas Aufsatz lässt sich an einigen Stellen noch verbessern:

h) Gelegentlich sind die Sätze zu lang:
Zeile 8–10, Zeile 15–17. Verbessere den Satzbau im Aufsatz von Rebecca mit einem Rotstift .

i) Beide Aufsätze haben eine eigene Überschrift. Sind die Überschriften richtig gewählt?

. . . .

Schreib auch einen Aufsatz zu dem Thema „Erlebnisse mit Tieren“. Beschränke dich auf **ein** Erlebnis. Vergiss nicht die notwendigen Absätze.

Rahmenthema ❷:

Mein Geburtstag

Vorüberlegung:
Woran denkt man beim Wort „Geburtstag“?
Gratulanten, Geschenke, ...

Aufsatz von Mario R.:

Geburtstagsgeschenke
Schon morgens, als ich aufwachte, war ich aufgeregt. Ich war schon um 7 Uhr aufgestanden und lief nach unten. Sofort gratulierten mir meine Eltern, als sie mich sahen. Auch mein kleiner Bruder gratulierte mir herzlich.

Darauf überreichten mir meine Eltern die Geschenke. Drei große Geschenke bekam ich überreicht. Im ersten Paket war ein ferngesteuertes Auto, im zweiten Inlineskates, und zu meiner Freude war im dritten Paket ein Karton mit Löchern.

„Ein Kaninchen! Das ist ja ein Kaninchen!“

Ich nahm das Kaninchen auf meinen Arm und streichelte es zärtlich. Das Fell fühlte sich warm und weich an. Sofort wollte mein Bruder das Kaninchen auch streicheln. Vor Angst sprang das Kaninchen auf den Teppich und verkroch sich unter den Bücherschrank. Mein Bruder holte eine Mohrrübe aus der Küche und versuchte, das Kaninchen unter dem Bücherschrank hervorzulocken. Aber das Kaninchen bewegte sich nicht.

Doch da kam mir eine gute Idee: Ich nahm mein neues ferngesteuertes Auto und schob damit das Kaninchen unter dem Bücherschrank hervor. Ich freute mich, dass wir das Kaninchen wiederhatten.

Als dieser Aufsatz in der Klasse vorgelesen wurde, lobten die Schülerinnen und Schüler den „guten Inhalt". Aber die Formulierung erschien verbesserungswürdig:

- Der Aufsatz fängt sehr umständlich an.
- Der Aufsatz ist nicht spannend genug.
- Man müsste genau beschreiben, wie das Kaninchen unter dem Bücherschrank hervorgeschoben wurde.
- Das Wort „Kaninchen" kommt viel zu oft vor.

Eine Schülerin versuchte den Anfang des Aufsatzes zu verbessern:

~~Schon morgens, a~~**A**ls ich aufwachte, war ich aufgeregt. Ich ~~war schon um 7 Uhr aufgestanden und~~ lief **sofort** nach unten. ~~Sofort~~ **Meine Eltern** gratulierten mir ~~meine Eltern, als sie mich sahen.~~ **herzlich,** ~~Auch~~ mein kleiner Bruder ~~gratulierte mir herzlich~~ **auch.**

Bei diesen Korrekturen fing Mario an zu protestieren. Deshalb beschloss die Klasse, einen ganz neuen Aufsatz zu schreiben:

Mein schönstes Geburtstagsgeschenk
Geburtstag! Endlich hatte ich Geburtstag! Ich hatte den Tag kaum erwarten können. Das schönste Geburtstagsgeschenk war nicht das ferngesteuerte Auto, nicht die Inlineskates … Das schönste Geburtstagsgeschenk war in einem größeren Karton mit Luftlöchern. Ich öffnete den Karton:

„Ein Kaninchen! Das ist ja ein Kaninchen!"

Ich nahm das Zwergkaninchen vorsichtig auf den Arm. Es war ganz schwarz, hatte aber weiße Pfötchen. Ich streichelte es, das Fell war warm und weich. Mein kleiner Bruder wollte es auch streicheln. Da bekam das Kaninchen wohl Angst. Jedenfalls sprang es auf den Fußboden und hoppelte schnell unter den Bücherschrank. Dort war es sicher.

Wie sollten wir es wieder hervorbekommen? Mein kleiner Bruder lief in die Küche und holte eine Mohrrübe. Er hielt sie unter den Bücherschrank. Aber das Kaninchen bewegte sich nicht. Wir waren ratlos.

Da hatte ich die richtige Idee. Ich holte mein neues, ferngesteuertes Auto. Ich ließ es langsam unter den Bücherschrank fahren und schob das Kaninchen vorsichtig hervor.

Da hatten wir es wieder!

Zu dem zweiten Aufsatz:

a) Ist der zweite Aufsatz wirklich besser als der erste?
Was meinst du?
Etwas besser: ◯
Viel besser: ◯

b) Am Anfang des 2. Aufsatzes wird **nicht** erzählt, wann ich aufwachte, wer mir gratulierte, dass mir mehrere Pakete überreicht wurden.
Das ist richtig: ◯
Das ist falsch: ◯

c) Im zweiten Aufsatz wird das Kaninchen ausführlicher beschrieben. Was erfahren wir?

....

....

d) Wie fährt das ferngesteuerte Auto? Wie wird das Kaninchen geschoben?
Zeile 16: ....
Zeile 17: ....

e) Am wichtigsten ist, dass der zweite Aufsatz spannend ist. Das erste Mal entsteht Spannung ab Zeile 3:
Wir möchten wissen, welches das schönste Geburtstagsgeschenk ist.
Wir erfahren es erst in Zeile ....
Das zweite Mal entsteht die Spannung ab Zeile 12.
Wir möchten wissen, ...
....

Wo erfahren wir die Lösung? Ab Zeile ....

Schreib auch einen Aufsatz über Geburtstagsgeschenke. Denke an deinen eigenen Geburtstag oder an die Geburtstage von Geschwistern oder Freunden.

Rahmenthema 3:
Ich habe etwas verloren

Vorüberlegung:
Was kann man verlieren?
Geld, Schlüssel, Fahrkarte, ...
Wo kann man verlorene Sachen wiederbekommen?

....

Aufsatz von Alexander E.:

So ein Pech!
„Alexander, holst du mir bitte Mehl und Butter von Edeka?“, fragte mich meine Mutter an einem Dienstagmorgen in den Sommerferien.

„Na gut, wenn es sein muss“, antwortete ich störrisch.

Meine Mutter steckte mir noch 20 Euro in die Hosentasche und ich fuhr los.

Endlich kam ich am Fahrradständer von Edeka an. Ich stellte mein Fahrrad ab und ging hinein. Es herrschte großer Betrieb und ich hatte Mühe, die Sachen zu finden.

„Endlich geschafft!“, dachte ich, als ich an der Kasse stand. Doch was war das? Meine 20 Euro waren futsch! Mama hatte sie doch in meine Hosentasche gesteckt.

„So ein Pech aber auch!“, dachte ich. „Jetzt muss ich beide Sachen zurückbringen.“

Ich legte die Sachen auf ihren Platz zurück und fuhr nach Hause. Immer mit dem Gedanken: „Was wird meine Mutter sagen?“

Als ich zu Hause ankam, erzählte ich ihr das ganze Geschehen. Meine Mutter war zwar sehr wütend, sagte dann aber:

„So etwas kann jedem mal passieren!“

Aufsatz von Arne R.:

Mein Schlüsselbund
Es war schon spät, als ich vom Schwimmbad nach Hause kam. Als ich die Haustür aufschließen wollte und in die Hosentasche griff, merkte ich, dass der Schlüsselbund weg war. Ich griff hastig in die anderen Taschen. Umsonst. Hatte ich den Schlüsselbund verloren? Das Herz schlug mir bis zum Hals. „Wenn ich ihn nicht wieder finde, was dann?“

Ich legte die nassen Schwimmsachen ab und lief noch einmal den ganzen

Weg bis zum Schwimmbad. Ich sah in jede Ecke, in jede Spalte. Nichts!

Als ich am Bad angekommen war und zu den Kabinen gehen wollte, hielt mich die Frau an der Kasse an:

„He, Junge, wenn du ins Bad willst, musst du Eintritt bezahlen!"

„Nein, ich will gar nicht baden, ich will nur nachfragen, ob ein Schlüssel abgegeben worden ist. Ich habe hier meinen Schlüsselbund verloren."

„Warte mal, bei uns wurde heute ein Schlüsselbund abgegeben."

Sie zog eine Schublade auf und holte einen Schlüsselbund heraus. Tatsächlich, es war meiner! Mier fiel ein Stein vom Herzen! Was hätten meine Eltern gesagt, wenn sie gehört hätten, dass ich die Schlüssel verloren habe?

Zu den Aufsätzen von Alexander und Arne:

a) Welcher Aufsatz ist besser gelungen? Was meinst du?
Der Aufsatz von Alexander: ○
Der Aufsatz von Arne: ○
Begründung:

. . . .

. . . .

. . . .

b) Alexander sagt nicht, warum er seiner Mutter **störrisch** antwortet. Welchen Grund mag er haben?

. . . .

. . . .

. . . .

c) Zeile 5: **Meine Mutter steckte mir noch 20 Euro in die Hosentasche.** Welches Wort sollte gestrichen werden?

. . . .

d) Zeile 16: **Als ich zu Hause ankam.** Die Zeit ist falsch. Wie muss es richtig heißen?

....

e) Wie findest du den Schluss des Aufsatzes von Alexander? Wie reagiert die Mutter?

....

....

(Eine Schülerin sagte zu diesem Aufsatz: „Meine Mutter hätte nicht so freundlich reagiert. Man könnte sich einen ganz anderen Schluss vorstellen: Die Mutter hat ihrem Sohn die 20 Euro in die Hosentasche gesteckt. Vielleicht ist der Geldschein sofort wieder herausgefallen und liegt nun auf dem Boden der Küche. Das wäre ein überraschender Schluss!")

f) Dieselbe Schülerin kritisierte auch die Zeilen 15 und 16 des Aufsatzes von Arne: „Die Frau kann doch nicht irgendeinem Jungen den Schlüsselbund geben! Sie muss ihn zunächst fragen, wie der Schlüsselbund aussieht."
Die Schülerin hat Recht! Wie sollte der Aufsatz von Arne an dieser Stelle verbessert werden?

....

....

....

....

Schreib selbst einen Aufsatz zu dem Rahmenthema: „Ich habe etwas verloren".

7.3 Lösungen

a) Der bessere Aufsatz ist von **Rebecca.**

b) Kannst du dir vorstellen, dass Rebecca selbst Reiterin ist? **Ja.**
Woran merkst du das in ihrem Aufsatz?
Sie weiß, dass man ein Pferd **vorbildlich pflegen** kann.
Sie beschreibt einen **typischen Reitunfall.**
Zeile 13: ... **ließ ihm lange Zügel.**

c) André war noch nie auf Safari.
Elefanten tragen Touristen nicht durch den Dschungel.
Ein kleiner Frosch kann nicht auf einen Elefanten springen.
Einen großen Berg kann man nicht einfach überqueren.
Ein Affe im Dschungel klaut keine Bonbons aus der Hosentasche.
Zunächst vermutet man, dass eine unbekannte Schlange giftig ist, namentlich im Dschungel.
In einem Dschungeldorf gibt es keinen Arzt, der einem eine Spritze geben könnte.

28

d) **Frosch, Affe, Schlange.**

e) Absätze.
Zeile 3: nach **erlebt.** – Zeile 4: nach **anzusehen.** – Zeile 8: nach **los.** – Zeile 11: nach **kaputt.** – Zeile 16: nach **Hosentasche.** – Zeile 24: nach **durfte.**

f) Umgangssprachliche Ausdrücke: ... **lachten uns kaputt.**
... **damit das Gift nicht noch woanders hinkommt.**

g) Das ist wichtig, **weil das Pferd sie später rettet.**

h) Gelegentlich sind die Sätze zu lang:
Als Shalimar merkte, dass er Lisa nicht helfen konnte, galoppierte er nach Hause. Dort waren alle schon aufgeregt, weil Lisa nicht zurückkam.
So schnell wie möglich brachte er seine Schwester ins Krankenhaus. Dort stellten die Ärzte fest, dass Lisa außer einer Gehirnerschütterung auch noch ein Bein gebrochen hatte.

i) Sind die Überschriften richtig gewählt? **Ja.**

29

a) Er ist **viel besser.**
b) Das ist **richtig.** (Der Höhepunkt des Aufsatzes ist das Kaninchen unter dem Bücherschrank.)
c) Was erfahren wir?
Das Kaninchen ist ein **Zwergkaninchen, ganz schwarz, weiße Pfötchen.**
d) Zeile 16: **langsam.**
Zeile 17: **vorsichtig.**
e) Wir erfahren es erst Zeile **6.**
Wir möchten wissen, **wie das Kaninchen unter dem Bücherschrank hervorgeholt wird.**
Ab Zeile **15.**

30

a) Besser gelungen ist der Aufsatz von **Arne.**
(Spannender, Arne arbeitet deutlicher den Höhepunkt heraus.)
b) Vielleicht wollte er lieber etwas anderes tun, z. B. schwimmen gehen.
c) Welches Wort sollte gestrichen werden? **noch.**
d) Wie muss es richtig heißen? **Als ich zu Hause angekommen war.**
e) Sie reagiert **sehr verständnisvoll.**
f) „Warte mal, bei uns wurde heute ein Schlüsselbund abgegeben. Wie sah dein Schlüsselbund aus?"
„Er ist blau und hat einen VfL-Anhänger."

Kapitel 8

Fantasieerzählungen

8.1 Einführung und Beispiel

Bei einer Fantasieerzählung brauchst du dich nicht an unsere Gegenwart zu halten: Deine Geschichte kann in der **Zukunft** spielen oder in der **Vergangenheit** oder in der **Märchenwelt.** Du kannst Tiere wie Menschen reden lassen. Deiner Fantasie sind keine Grenzen gesetzt.

Das macht vielen Schülern großen Spaß! Ich habe von meinen Schülern schon ganze Romane gelesen, die in der Zukunft oder in der Vergangenheit spielen. In der Vergangenheit wurden folgende Epochen bevorzugt: die Zeit der Indianer in Amerika, das Mittelalter (Zeit der Ritter), die Zeit der Römer und Griechen, die Zeit der Dinosaurier.

Bei einer Fantasieerzählung kommt es **nicht** nur darauf an, dass du die unwahrscheinlichsten Ereignisse in großer Zahl in deinem Aufsatz erzählst (du erinnerst dich an den Aufsatz von André M., Seite 93–94), sondern: Auch Fantasieerzählungen sollen **gute** Erzählungen sein, anschaulich, spannend, mit einer kurzen Einleitung und einem Höhepunkt.

Zur Einleitung: Ich habe schon viele Fantasieerzählungen von Schülern gelesen, in denen ausführlich erzählt wurde, wie Kinder auf die Idee kamen, eine Zeitmaschine zu bauen, wie die Zeitmaschine funktioniert, wie man in die Zeitmaschine einsteigt, was passiert, wenn man die Zeitmaschine aktiviert … Das ging über mehrere Heftseiten. Nur: Das eigentliche Erlebnis in der Zukunft oder in der Vergangenheit kommt dann viel zu kurz!

Einfacher ist es, wenn der Ausflug in die Zukunft oder in die Vergangenheit als Traum dargestellt wird, wie es im folgenden Aufsatz geschieht:

Thema:

Schülerinnen und Schüler im Jahre 2222

Aufsatz von Sandra H.:

Mathematik ist nicht mein Lieblingsfach. Vorgestern hatte ich wieder die schlechteste Klassenarbeit geschrieben. Meine Mutter schimpfte den ganzen Nachmittag. Mein Vater sagte mir noch beim Zubettgehen:

„Wenn du die Prozentrechnung nicht lernst, wirst du nie eine gute Geschäftsfrau werden …"

Verdrießlich schlief ich ein. – Da fand ich mich wieder in einem bequemen Sessel zusammen mit einem blassen, aber netten Mädchen.

„Oh, du bist neu hier?", fragte sie. „Warum siehst du so verdrießlich aus?"

„Ich habe eine Sechs in Mathematik geschrieben. Ich verstehe das Prozentrechnen nicht!"

„Du gehörst wohl noch zu den Menschen, die alles selbst lernen mussten? Jetzt haben wir es einfacher."

Sie nahm einen kleinen Apparat, der so aussah wie ein Handy, und programmierte ihn auf „Prozentrechnen". Dann sagte sie:

„Halte den Apparat an deinen Kopf. Dann werden deine Gehirnzellen auf Prozentrechnen programmiert."

Ich tat es. Plötzlich verstand ich alles! Im Kopf konnte ich ausrechnen: 5,5 Prozent von 45 000 … 2475. Ich war darüber so erschrocken, dass ich aufwachte.

Meine neuen Fähigkeiten blieben mir auch in der Schule erhalten. Mein Lehrer staunte. Er stellte mir eine Aufgabe nach der anderen. Ich konnte sie alle richtig ausrechnen. Er musste mir eine Eins anschreiben.

Nach dem Unterricht ärgerte ich mich, dass ich mit dem Zauberhandy nicht gleich das Mathematikbuch des nächsten Schuljahrs in meinen Kopf einprogrammiert hatte. Aber vielleicht träume ich noch einmal.

31

a) Die Einleitung zu diesem Aufsatz geht bis Zeile …………….

b) Hast du verstanden, was der kleine Apparat kann?

…………………………………………………………………………

…………………………………………………………………………

…………………………………………………………………………

c) Welche erstaunliche Fähigkeit hat Sandra am nächsten Tag?

. . . .

. . . .

d) Sandra hatte den Aufsatz zunächst nur bis Zeile 21 geschrieben, als sie ihn in der Klasse vorlas.
Ein Mitschüler hatte die Idee für den Zusatz.
Wie findest du den Schluss?
Ich hätte den Aufsatz mit Zeile 21 beendet: ○
Der Zusatz ist eine witzige Pointe, die den Aufsatz noch verbessert: ○

8.2 Übungsaufgaben

32

Thema:
Eine Deutschstunde im Jahre 2222

(Überlege zunächst einmal: Gibt es dann noch Lehrer, Schulbücher, Hefte, Klassenarbeiten, Klassenräume …?)

33

Thema:
Beim Bau der Pyramiden

Lies zunächst folgenden Zeitungsartikel durch und sieh dir die Illustrationen an.

Wurden die Pyramiden mit Rädern erbaut?

DW London – Eines der großen Rätsel um den Bau der ägyptischen Pyramiden will ein britischer Ingenieur gelöst haben. Nach seiner Überzeugung wurden die gewaltigen Steinquader wahrscheinlich in hölzerne Rahmen gepackt und bergauf gerollt. Der Experte für Erd- und Bodenarbeiten an der Universität von Cambridge, Dick Parry, sagte in einem Vortrag, die bisherige Theorie, wonach beim Bau der großen Pyramide von Gizeh die 2,3 Millionen Steine mit einem Durchschnittsgewicht von jeweils 2,5 Tonnen mit Schlitten über Rampen in die Höhe gezogen wurden, sei seiner Meinung nach nicht haltbar. Diese Arbeitsweise hätte in der geschätzten Bauzeit von etwa 20 Jahren mehr Arbeitskräfte erfordert, als die hölzernen Rampen tragen konnten. „Für die Arbeit war nicht brutale Gewalt erforderlich, sondern eine gut ausgetüftelte technische Lösung“, betonte Parry nach Angaben der Zeitung „Independent“.

In Ägypten gefundene Modelle von Holzkonstruktionen, die auf der einen Seite wie Kufen von Schaukelstühlen gebogen und auf der anderen Seite glatt sind, gaben den entscheidenden Hinweis. Vier dieser Rahmen ließen sich um die viereckigen Blöcke zu regelrechten Rädern packen. Zwei Räder um jeweils einen Block machten es dann mit Seilen möglich, auf steilen Rampen die Steine zu bewegen.

16 bis 20 Männer hätten so die Quader übereinander stapeln können. Wären die Steine auf Schlitten hochgezogen worden, hätten 60 bis 80 Arbeitskräfte pro Stein wesentlich längere und weniger steile Rampen benötigt. Der Bau hätte auch nicht in der vermuteten Zeit abgeschlossen werden können.

Parry probierte seine neue Theorie in Tokio aus – und behielt Recht. Er hatte sich ausgerechnet, dass 20 Männer in höchstens fünf Minuten einen Steinquader auf einer 15 Meter langen, steilen Rampe (Anstieg: 1 zu 4) befördern könnten. Tatsächlich konnten mit seiner Technik nur drei Männer den Block in lediglich einer Minute transportieren.

Zwei Männer folgten dem Steinquader, stützten ihn mit einer Art Bremsklotz.

18 bis 20 Männer zogen an den Seilen.

Die nachgebaute Wippe des Dr. Parry. Das Original fanden Archäologen in Ägypten.

Sprossen halten die Seitenwände zusammen.

Die Wippe ist 80 cm lang.

Je vier Wippen bilden an jeder Seite die „Räder“ und werden mit Seilen umwickelt.

Der Steinblock wiegt 2,5 Tonnen.

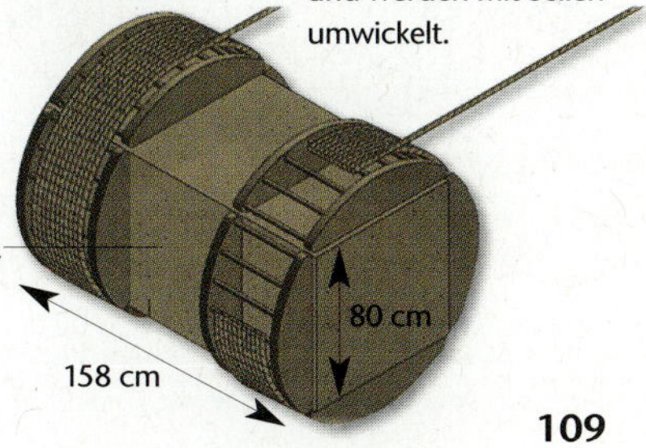

Tipp

Vorschlag für den Inhalt des Aufsatzes:
Traum:
Der Pharao ist schon alt. – Die Pyramide ist noch nicht fertig. – Das Heraufziehen der Steinblöcke auf Schlitten dauert zu lange. – Ich, der Sohn eines Pyramidenarbeiters, habe die Idee, die Steine zu rollen. – Das geht viel schneller. – Der Pharao wird aufmerksam. – Ich werde reich belohnt. Ich wache auf. Auf dem Nachttisch liegt ein **Skarabäus,** ein Glücksbringer.

34

Thema:
Die alte Münze

Tipp

Vorgeschlagene Einleitung:
Manche Väter sammeln Briefmarken. Mein Vater sammelt römische Münzen. Wir betrachten sie oft. Ich kenne die Namen der römischen Kaiser und kann ihre Köpfe wieder erkennen. Zu Weihnachten hat mein Vater von meiner Oma eine besonders schöne Münze geschenkt bekommen. Ich sah sie vor Augen, als ich einschlief …

Vorderseite

Rückseite

H. Kahnt, Mannheim

35

Thema:

Autofahrt in die Zukunft

Tipp

Vorgeschlagene Einleitung:
Meine Eltern und ich fuhren im Auto nach Italien. Die Fahrt dauerte sehr lange und war ermüdend. Ich saß auf dem hinteren Sitz und war eingeschlafen.
(Du träumst, wie man im Jahre 2222 reisen wird.)

8.3 Lösungen

a) Die Einleitung zu diesem Aufsatz geht bis Zeile 6.

b) Hast du verstanden, was der kleine Apparat kann?
Man programmiert ihn auf einen Lernstoff. Dann hält man ihn an den Kopf. Dadurch werden die Gehirnzellen auf den neuen Lernstoff programmiert.

31

c) Welche erstaunliche Fähigkeit hat Sandra am nächsten Tag?
Sie beherrscht die Prozentrechnung.

d) Die meisten meiner Schüler meinten:
Der Zusatz ist eine witzige Pointe, die den Aufsatz noch verbessert.

1992 – ein ganz besonderes Jahr

1992 ist ein besonderes Jahr: Michael Schumacher gewinnt sein erstes Formel-1-Rennen, das Handynetz wird digital und Batman kehrt auf die Kinoleinwand zurück. Eine spannende und amüsante Zeitreise für jeden Mann, der immer schon mal wissen wollte, welche Trends in seinem Geburtsjahr begründet wurden und welche bedeutenden Ereignisse es gab.

Ein Ereignis ist dabei ganz besonders hervorzuheben:

Das größte Highlight 1992 ist die Geburt von:

Liebes Geburtstagskind,

Inhalt

Chinesisches Horoskop

Wer im Jahr 1992 das Licht der Welt erblickte, ist im **chinesischen Tierkreiszeichen des Affen** geboren.

Das chinesische Sternzeichen des Affen ist kreativ und intelligent

Das Charakterbild des Affen-Mannes

Ein Mann, der im Jahr des Affen geboren wurde, gilt als besonders kreativ und vielseitig, geistreich und intelligent. Er liebt Herausforderungen und lernt sehr schnell. Er ist sehr neugierig und vielseitig interessiert. Immer wieder möchte er sich mit neuen Dingen auseinander setzen. Zudem ist der Affen-Mann ehrgeizig und lässt sich auch von großen Herausforderungen nicht abschrecken. Allfällige Niederlagen verarbeitet er schnell. Einen Affen-Mann bekommt man nicht so schnell klein.

Er verfügt über einen äußerst wachen Verstand, ist einfallsreich und überrascht oft mit außergewöhnlichen Ideen. Der im Tierkreiszeichen des Affen geborene Mann ist sehr gesellig und kommt gut mit anderen Menschen aus. Er ist von sich und seinen Fähigkeiten überzeugt und glaubt daran, mit seiner Willenskraft alles im Leben erreichen zu können.

Mit viel Geschick gelingt es ihm, seine Mitmenschen in seinen Bann zu ziehen und für seine Projekte zu gewinnen.

Der Affen-Mann verfügt über ein tolles schauspielerisches Talent und kann Sachverhalte sehr überzeugend darstellen. Beruflich wird ihm gerade diese Eigenschaft sehr nützlich sein. Der Affen-Mann liest gerne schlaue Bücher und erweitert ständig sein Wissen. Zudem ist er sprachlich begabt, kann gut vor anderen Menschen sprechen und kommuniziert sehr gerne.

Der Affen-Mann verfügt über eine anziehende Persönlichkeit. Dabei ist er wählerisch und eher vorsichtig. Für seine Familie ist er immer da und ein fürsorglicher Partner und Vater.

Auf den folgenden Seiten sind Trends, Ereignisse und Geschichten angeführt, die das Geburtsjahr 1992 aus Sicht des Mannes zu einem besonderen Jahr machen. Viel Spaß beim Schmunzeln und Staunen!

Ein Held kehrt zurück

Nach drei Jahren kehrt die legendäre Comic-Figur Batman wieder auf die Leinwand zurück. In Gotham City tobt ein Kampf um die Macht auf Erden. Michele Pfeiffer tritt als „Catwoman“ an die Seite von Batman (Michael Keaton), um mit ihm das Böse in der Person des abgründigen Max Shreck (Christopher Walken) und des berüchtigten Pinguinmann (Danny de Vito) zu besiegen. Interessant ist der Film auch wegen der düster-bedrohlichen Atmosphäre, die durch die gelungene Kulissengestaltung verstärkt wird.

„Batmans Rückkehr“ kommt 1992 in die Kinos

Den Trailer zum Film gibt es unter diesem Link bzw. QR-Code zum Anschauen: **https://bit.ly/batman-1992**

Olympische Winterspiele

Mit einer avantgardistischen Eröffnungszere-monie mit 2.500 Akteuren und über 2.000 Sportlern aus 64 Nationen beginnen die **Olympischen Winterspiele in Albertville** (Frankreich). Nachdem Fußballstar Michel Platini das olympische Feuer entzündet hat, erklärt Staatspräsident Francois Mitterand die Spiele für eröffnet. Als Folge der Wiedervereinigung geht in Albertville eine gesamtdeutsche Mannschaft an den Start, die mit zehn Gold-, zehn Silber- und sechs Bronzemedaillen die Nationenwertung vor der GUS und Norwegen anführt.

Fantastische Figuren bevölkern das Olympiastadion von Albertville

Die Eröffnungsfeier zum Nachsehen gibt es unter diesem Link bzw. QR-Code:

https://bit.ly/eröffnungs-feier-1992

Neue Elektronik-Disziplin

Die in den 1980er Jahren ausgeweitete elektronische Miniaturisierung im Bereich der Sensortechnik schreitet weiter voran. Man kombiniert die Mikrobausteine zu „intelligenten" Produkten, die selbständig Daten auswerten und daraus resultierende Aktionen ausführen.

Bezeichnet wird diese neue Disziplin 1992 als „**Mikrosystemtechnik**". Diese Kleintechnik wird in allen High-Tech-Bereichen eingesetzt, u.a. für neue medizinische Operationsverfahren oder bei miniaturisierten Dat-Recordern.

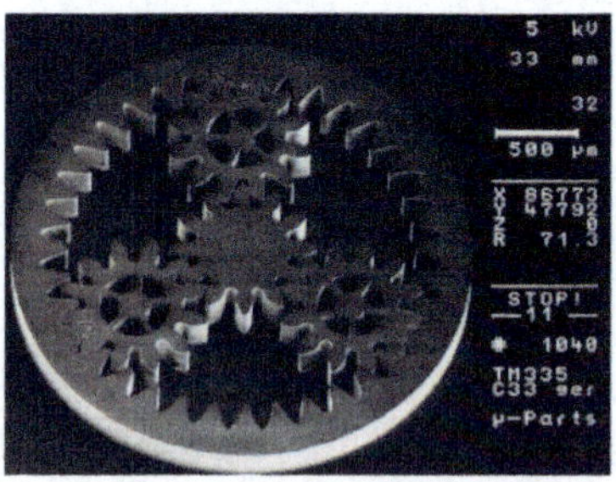

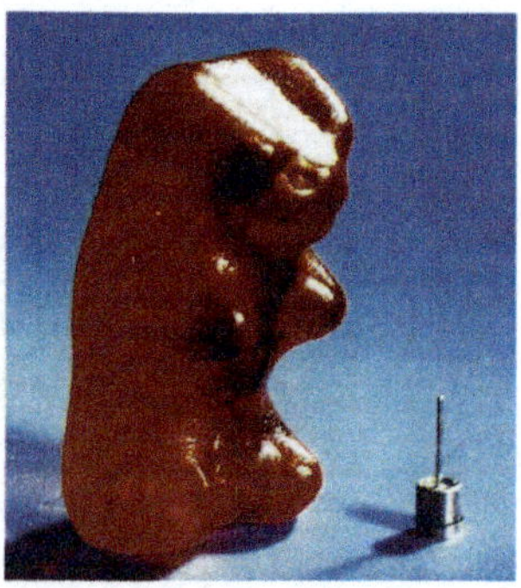

Hier zwei Beispiele für die Miniaturisierung mechanischer Bauteile: ein Planetengetriebe und ein Mikromotor im Verhältnis zu einem Gummibärchen

USA mit neuem Präsidenten

Bill Clinton, Kandidat der Demokratischen Partei, gewinnt die Präsidentenwahl in den USA. Clinton schlägt mit 43% der Stimmen Amtsinhaber George Bush deutlich. Der Republikaner erreicht nur 38%. Für den texanischen Milliardär Ross Perot, einen unabhängigen Kandidaten, entscheiden sich respektable 19%. William Jefferson „Bill" Clinton wird von 1993 bis 2001 der 42. Präsident der Vereinigten Staaten. Zuvor war er Gouverneur von Arkansas. Seit 1975 ist er mit **Hillary Clinton** verheiratet, der demokratischen Kandidatin für die US-Präsidentschaftswahl 2016.

Bill Clinton mit seiner Frau Hillary und Tochter Chelsea auf dem Höhepunkt seiner Karriere

Die rund 50-minütige Dokumentation: „*Bill Clinton - Biographie*" ist auf Youtube unter folgendem Link bzw. QR-Code zu sehen:

https://bit.ly/bill-clinton-doku

Museum der Erotischen Kunst

Eine Attraktion der besonderen Art erwartet die Besucher der **sündigen Meile auf St. Pauli**: das neue Museum der Erotischen Kunst (Erotic Art Museum). Unternehmer Claus Becker eröffnet den Treffpunkt gleich hinter der Reeperbahn. Über 500 künstlerische Variationen zum Thema Lust und Liebe können hier bewundert werden - quer durch alle Perioden der Kunstgeschichte.

Die Ausstellung "Sex of Rock" zeigt Bilder von Wolfgang „Bubi" Heilemann

Er hatte sie alle vor der Linse – Kaum einer kam den Stars der 60er und 70er Jahre näher als er. Im Bild Mick Jagger von den Rolling Stones

Neben den vielen inszenierten Fotos entstanden auch Schnappschüsse, Konzertaufnahmen und private Bilder, die nun im Erotic Art Museum in Hamburg gezeigt werden.

Die dreiminütige NDR-Doku *„Das Erotic Art Museum im NDR"* gibt's unter diesem Link bzw. QR-Code zu sehen:

https://bit.ly/erotic-museum

Ist ein wenig kühl geworden!
Ja, findest du?

Exklusiv: Cholesterinarme Rezepte aus 1992

In den USA gibt es schon seit den 1970er Jahren „Low Cholesterol“ Kochbücher (Abb. aus 1970)

Acht cholesterinarme Rezepte aus dem Jahr 1992 gibt es hier mittels Link oder QR-Code zum Download:

https://bit.ly/1992er-rezepte

Grüne & Bündnis 90 eine Partei

Der Länderrat der Grünen, höchstes Gremium zwischen den Parteitagen, bietet im Februar der ostdeutschen Bürgerrechtsbewegung „Bündnis 90" eine zügige Fusion beider Organisationen an. Die Vereinigung soll die Chancen der Bundestagswahl 1994 verbessern, nachdem die Grünen 1990 den Sprung ins Parlament verfehlt haben. Im November 1992 unterzeichnen Grüne und Bündnis 90 den **Vertrag über die Vereinigung beider Gruppierungen.** Der künftige Name der Partei ist zu dieser Zeit allerdings noch unklar.

Das Bündnis 90 war ein Zusammenschluss von Bürgerbewegungen und Oppositionsgruppen in der DDR, der während der Zeit der Wende und friedlichen Revolution im Februar 1990 entstand und im September 1991 in eine politische Partei umgewandelt wurde. Im Mai 1993 geht das Bündnis 90 in **Bündnis 90/Die Grünen** auf.

Parteilogo von 1993 bis 2008

Handynetz erstmal digital

„Kann ich mal telefonieren?" - Einer der am häufigsten gesagten Sätze von Horst Schimanski in den Tatort-Folgen. Kein Wunder: Die Schimanski-Tatort-Folgen wurden bis 1991 gedreht. Die Handynetze, wie wir sie heute kennen, gibt es aber erst seit 1992. Am **30. Juni 1992** wird in Deutschland zum ersten Mal mit einem **Handy im digitalen Netz** von D2 Mannesmann, heute Vodafone telefoniert.

Am 16. November 1992 wird in Kiel von der Telekom das schnurlose digitale Telefon „MT 900" für die D-Netze vorgestellt. Das Gerät von Hagenuk wiegt 485 Gramm und kostet rund 2.500 DM (ca. 1.250 Euro)

In der rund 45-minütigen ZDF-Info-Doku *„Das Handy - die mobile Revolution der Welt"* wird der Siegeszug des Handys und dessen Folgen beleuchtet. Hier der Link und QR-Code dazu:

https://bit.ly/handy-geschichte

Dänischer David besiegt deutschen Goliath

Im Endspiel um die **Fußball-Europameisterschaft** in Schweden besiegt Dänemark Weltmeister Deutschland überraschend mit 2:0. Die Dänen konnten sich ursprünglich gar nicht für die EM qualifizieren. Erst nachdem sich die UEFA dem UNO-Boykott gegen das vom Bürgerkrieg erschütterte Jugoslawien anschloss, rückten die Dänen ins EM-Aufgebot.

Matthias Sammer vom Team Deutschland im Kampf um den Ball mit dem Dänen Kim Vilfort im EM-Finale 1992

Die dreiminütige Zusammenfassung des Endspiels *„Denmark v Germany: UEFA EURO 92 final highlights"* wurde über 1,6 Mio. Mal geklickt und ist unter diesem Link bzw. QR-Code zu sehen:

https://bit.ly/1em-1992-endspiel

Und sie bewegt sich doch

Forscher in Florenz finden heraus, dass die Fernrohre des Astronomen **Galileo Galilei** (1546-1642) von herausragender Qualität sind. Die Teleskope, mit denen der Italiener die Monde des Jupiter entdeckt hat, besitzen perfekt geschliffene Oberflächen. Die offenbar authentischen Galileo-Fernrohre stammen aus der Sammlung der Florentiner Familie Medici. **„Und sie bewegt sich doch!"**, murmelte der Legende nach Galileo Galilei als er im 17. Jahrhundert wegen seiner astronomischen Erkenntnisse vor Gericht stand und das Weltbild der Kirche ins Wanken brachte.

Die Linse seines Fernrohrs war die Präzisionsarbeit eines Linsenschleifers aus Venedig

Die 15-minütige und über 160.000 Mal geklickte ZDF-Doku *„Galileo Galilei – Revolutionär der Wissenschaft"* ist unter diesem Link bzw. QR-Code zu sehen:

https://bit.ly/doku-galilei

Größtes Lebewesen der Welt

Im US-Bundesstaat Michigan entdecken Botaniker das größte Lebewesen der Erde: Kein Dinosaurier, kein Wal - das größte Lebewesen der Erde ist ein **Pilz**. Man sieht ihn schlecht, das hat er ausgenutzt, der **Hallimasch**, und hat sich unterirdisch zum größten Lebewesen der Welt ausgewachsen.

Ein Hallimasch muss nicht mehrere Quadratkilometer groß sein

Im Frühjahr 1992 kommen ihm Pilzforscher auf die Spur. Sie wollten wissen, warum in einem Wald in Michigan junge Kiefern eingingen. Ein Pilz nahm ihnen alle Nährstoffe weg. Die Forscher untersuchten ihn und stellten fest, dass er sich auf eine Fläche von 150.000 Quadratmetern erstreckte, 100 Tonnen schwer war und **1.500 Jahre alt.** Der Pilz dringt mit seinen Pilzfäden in die jungen Bäume ein und frisst deren Nährstoffe weg. Auch in deutschen Wäldern kommt der Hallimasch vor - allerdings bei weitem nicht mit solchen Ausmaßen. Er gilt als beliebter Speisepilz.

Warum bist du an deinem Geburtstag nicht zu Hause? Kommt denn deine Familie nicht zu Besuch?
Doch. Deshalb bin ich nicht zu Hause

Ein Deutscher fliegt ins All

Am 17. März startet vom Weltraum-Bahnhof Baikonur die russische **Sojus TM 14 Mission.** An Bord ist neben zwei russischen Kosmonauten der Bundeswehr-Testpilot **Klaus-Dietrich Flade.** Im Mittelpunkt des Unternehmens stehen Experimente zur Schwerelosigkeit. Deutschland beteiligt sich mit 20 Mio. DM (ca. 10 Mio. Euro) an den Startkosten für Sojus. Geldsorgen gehören inzwischen zur ständigen Begleitmusik der internationalen Raumfahrt. Im November muss die europäische Raumfahrtagentur ESA (European Space Agency) erhebliche Abstriche bei ihren Vorhaben machen.

Klaus-Dietrich Flade (links im Bild) ist einer von nur zehn Deutschen, die bislang im Weltall waren

Die rund 45-minütige ZDF-Doku: *„Abenteuer Forschung Deutschland im All - Sojouz TM 14“* ist unter folgendem Link bzw. QR-Code zu sehen:

https://bit.ly/doku-sojus-tm14

Was sonst noch geschah ...

22. Januar
Zusammen mit sechs US-Astronauten startet der Deutsche Ulf Merbold mit der Raumfähre Discovery zu seiner zweiten Mission ins All

18. Februar
Dem Italiener Alberto Tomba gelingt es als erstem alpinem Skiläufer, seinen Titel bei Olympischen Spielen zu verteidigen

13. März
Der Bundesrat spricht sich dafür aus, in Deutschland einheitlich eine 0,5-Promille-Grenze festzulegen

17. März
Der Bundesgerichtshof in Karlsruhe gibt der Richtgeschwindigkeit von 130 km/h auf Autobahnen erstmals eine verbindliche Rechtswirkung

23. April
Der deutsche Schach-Champion Robert Hübner besiegt beim „Chess Meeting `92“ in Dortmund sensationell Weltmeister Gari Kasparow

4. Mai
Die Eskimos in Kanada fordern bei einer Volksabstimmung die Errichtung eines eigenen Heimatlandes

Was sonst noch geschah ...

30. Mai
Sendestart des Fernsehsenders ARTE. Und am 30. November startet der Nachrichtenspartenkanal n-tv

2. Juni
In einem Labor im italienischen Gran-Sasso-Bermassiv zeigen europäische Forscher mit Hilfe des sog. Gallium-Experimentes erstmals, wie das Feuer im Innern der Sonne brennt

7. August
Das britische Passagierschiff „Queen Elisabeth II" läuft vor der Küste des US-Bundesstaates Massachusetts auf Grund und wird beschädigt

21. September
Spanien zieht nach fast drei Jahrhunderten die Wachen an der Grenze zu Gibraltar ab, das zu Großbritannien gehört, aber von Spanien beansprucht wird

10. Oktober
Polizeibeamte entdecken im Frankfurter Hauptbahnhof radioaktives Material

11. November
Das Gemälde „Harmonie in Gelb" des Franzosen Henri Matisse erzielt auf einer Auktion bei Christie`s in New York mit 22 Mio. DM (ca. 11 Mio. Euro) einen neuen Höchstpreis für Werke dieses Künstlers

Er läuft und läuft und läuft

Im Volkswagenwerk in Puebla (Mexiko) rollt im April 1992 der **21millionste Käfer** vom Band. Der VW Käfer, der 1945 zum ersten Mal vom Band lief, ist wohl das bekannteste deutsche Auto. Doch seine Vorgeschichte stammt aus dem dunkelsten Kapitel deutscher Geschichte.

Adolf Hitler wollte ein massentaugliches Fahrzeug für das deutsche Volk produzieren lassen. Den Auftrag dafür bekam 1934 der Ingenieur Ferdinand Porsche

Während in Wolfsburg längst der Golf vom Band rollte, werden in Mexiko weiter Käfer produziert. Erst 2003, nach fast 70 Jahren, stellt Volkswagen auch dort die Produktion ein. Der letzte Käfer mit der Produktionsnummer **21 529 464** rollt nicht mehr über die Straßen, sondern landet im Museum.

Die rund 45-minütige SWR-Doku *„Der VW Käfer - Volkswagen für die Welt“* ist unter folgendem Link bzw. QR-Code zu sehen:

https://bit.ly/doku-käfer

Exklusiv: 150 Cocktailrezepte

Cocktailbücher gibt es in den 1990er Jahren in jeder Buchhandlung

Hier finden Sie 150 original Cocktail-Rezepte aus dem Jahr 1992 zum Download.

Hier der Link und QR-Code dazu:

https://bit.ly/150-cocktails-1992

Magic Johnson nimmt den Hut

Der US-amerikanische Superstar des US-Basketballs gibt seinen Rücktritt vom Profisport bekannt. Damit findet die **Traumkarriere** eines der besten Basketballspieler aller Zeiten ein frühzeitiges Ende. 1991 war er mit seiner HIV-Infizierung an die Öffentlichkeit getreten. Entgegen den Prognosen der Ärzte war Johnson bei den diesjährigen Olympischen Spielen in Barcelona einer der Starspieler im „Dream Team".

Sein überragendes Können brachte Earvin Johnson den Beinamen „Magic" ein

Die rund 15-minütige Doku *„Die 4 Stufen des Magic Johnson"* ist auf Youtube unter folgendem Link bzw. QR-Code zu sehen:

https://bit.ly/doku-magic

Studieren im Kino

Viermal pro Woche gehen Essener Studenten vormittags ins Kino. Kein Höhepunkt des Filmschaffens steht auf dem Programm, sondern eine Vorlesung in ungewohntem Rahmen. 6.000 DM (ca. 3.000 Euro) monatlich lässt sich die Universität den Saal kosten, um der Überfüllung der Lehrsääle entgegenzuwirken.

Das Kino wird in Essen zum Hörsaal: Die Überfüllung zwingt viele Universitäten zur Improvisation

1992 übertrifft die Zahl der Studenten mit 1,82 Mio. erstmals diejenige der Auszubildenden in den Betrieben. Da aber offiziell nur 900.000 Studienplätze gegenüberstehen, zeigen sich enorme Engpässe bei Lehrsäälen, Ausstattung und Finanzierung.

Rivalen gemeinsam zu Gold

Boris Becker und Michael Stich gewinnen bei den Olympischen Spielen in Barcelona nach dem frühen Aus im Tennis-Einzel die **Goldmedaille im Doppel.** Becker und Stich liegen sich in den Armen, die Intimfeinde wirken wie beste Freunde. Es ist ein wunderbarer und zugleich surrealer Augenblick. Bereits beim Interview nach dem Match, bei Siegerehrung und Nationalhymne, ist die Distanz zwischen den beiden besten deutschen Tennisspielern wieder greifbar. Kein Blickkontakt, kein nettes Wort übereinander, einfach nichts.

Michael Stich und Boris Becker holen in Barcelona im Doppel die Goldmedaille

"*Wir mögen uns eben nicht, unsere Gemeinsamkeit heißt Tennis*", sagte Becker damals über sein Verhältnis zu Stich. Das rund dreiminütige Interview: „*Michael Stich über sein Olympia-Erlebnis*“ ist unter folgendem Link bzw. QR-Code zu sehen:

https://bit.ly/michael-stich

Roboter für die Kuh

Versuche zur Entwicklung eines automatischen Melksystems gibt es seit den 1980er Jahren. 1992 werden die ersten **Melkroboter** in landwirtschaftlichen Betrieben installiert. Außerhalb von Europa werden sie jedoch kaum eingesetzt. In Ländern wie den USA, Japan oder Neuseeland sind entweder die Betriebe zu groß, die Arbeitskräfte zu billig oder der Milchpreis ist zu unsicher, um diese hohe Investition zu riskieren (eine Einboxenanlage kostet rund 150.000 DM (ca. 75.000 Euro).

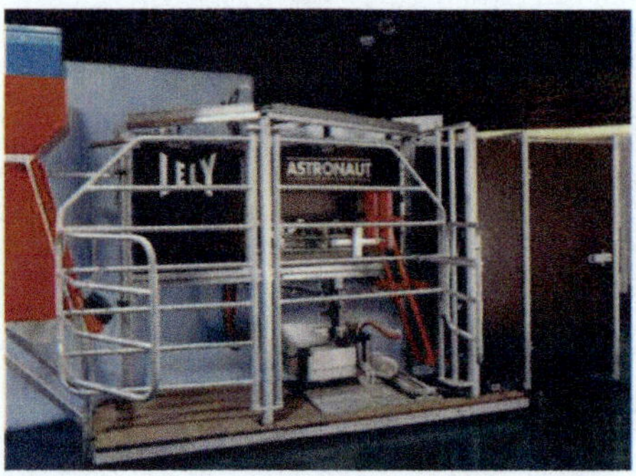

1992 wird der Prototyp des Lely Astronaut Melkroboters vorgestellt

Landwirte erkennen das als die wichtigste Erfindung des 20. Jahrhunderts für Milchviehhalter an. Die Funktionsweise moderner Melkroboter wird im fünfminütigen Video des Markführers Lely erklärt. Hier der Link bzw. QR-Code dazu:

https://bit.ly/melkroboter-doku

Schau mal! Uwe hat sich doch endlich mal was in seinem Alter angelacht!
Tatsächlich! Zwei Zwanzigjährige!

Zeitgeist der Künstler

Zentrales Kunstereignis des Jahres ist die **Documenta IX** in Kassel, die nach 100 Tagen mit einer Bilanz der Rekorde endet: Die erste ohne Defizit seit 1955, 186 Künstler aus 38 Ländern mit 1.000 Werken und 609.000 Besuchern. Die Ausstellung war nicht museal sondern eher als **Erlebnispark** zeitgeistig ausgerichtet. Dafür bürgte auch die Volksfeststimmung. Boxen, Baseball und Jazz fanden sich im Beiprogramm, Bierbuden und Imbissstände rundeten das Bild ab.

Was nicht alles Kunst sein kann: „Wäscheständer" von E. Meister, der auf der Documenta in Kassel mit mehreren Arbeiten vertreten ist

Den rund 60-minütigen Film *„Die 100 Tage von Kassel - 8x documenta im Rückblick"* gibt's unter diesem Link bzw. QR-Code zu sehen:

https://bit.ly/documenta-1992

Weltgrößter Wirtschaftsraum

Im Mai planen die Außenminister 19 europäischer Staaten das größte Wirtschaftsbündnis der Welt: den **Europäischen Wirtschaftsraum (EWR)**. Vertreten sind die 12 EG-Mitgliedstaaten und die sieben Staaten der Europäischen Freihandelsassoziation (EFTA). Wenn der EWR 1994 in Kraft tritt, umfasst er 390 Mio. Menschen, das sind 7% der Weltbevölkerung und 30% der Wirtschaftsleistung der Welt.

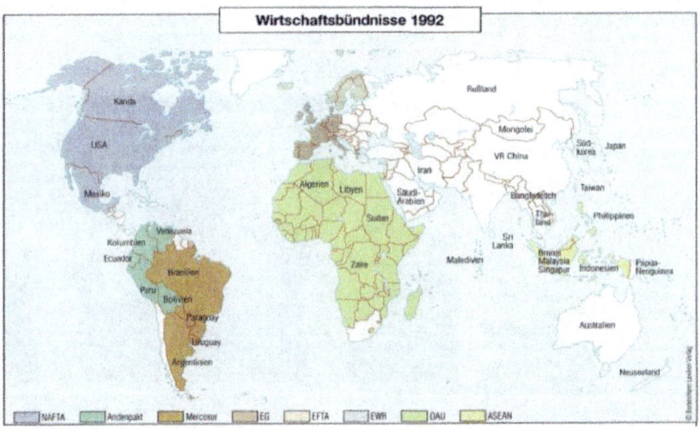

Zu Beginn der 90er Jahre erleben die Handelsblöcke einen neuen Aufschwung

Die rund 15-minütige und über 400.000 mal geklickte Doku *„Die Geschichte der Europäischen Union"* ist unter diesem Link bzw. QR-Code zu sehen:

https://bit.ly/eu-geschichte

Download: Camping-Rezepte für Junggesellen und Strohwitwer

Kochbücher für Campingurlaube gibt es seit den 1960er Jahren.

Hier der Link zu 40 Original Camping-Rezepte für Junggebliebene und Strohwitwer aus 1992:

https://bit.ly/camping-rezepte-1992

Elton John bekommt Vorschuss

Elton John erhält im November als Vorauszahlung für den bislang teuersten Plattenvertrag rund **39 Mio. US-Dollar.** Das große Comeback gelingt: Das Album „The One“ verkauft sich mehr als 16 Millionen Mal, die Tournee erreicht 3,6 Millionen Menschen bei über 100 Konzerten. Für den Titel „Can you feel the Love tonight“ erhält er den Oscar als Auszeichnung für den besten Filmsong. Im selben Jahr wird er in die Rock and Roll Hall of Fame aufgenommen.

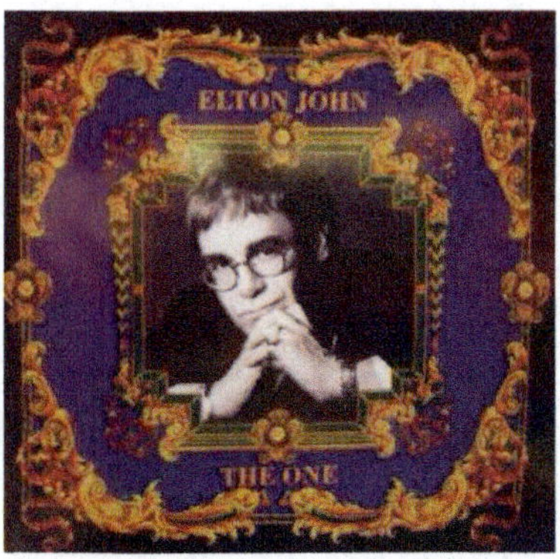

Zum Tod von Prinzessin Diana, einer guten Freundin von ihm, veröffentlicht Elton John 1997 eine Version von „Candle in the Wind“ mit neuem Text und Titel: „Goodbye, England's Rose“. Der Song verkauft sich 45 Mio. Mal und wird zur erfolgreichsten Single aller Zeiten

Das Youtube-Video von Dianas Begräbnis 1997, bei dem Elton John live singt wurde 16 Mio. Mal geklickt und ist unter folgendem Link und QR-Code anzusehen:

https://bit.ly/candle-in-the-wind

Grenzen des Machbaren

Das deutsche Gesundheitswesen kränkelt. Bereits 1991 waren die Ausgaben der Krankenkassen fast doppelt so hoch wie die Einnahmen - ein Defizit in Milliardenhöhe entstand. Die Ausgaben für die Krankenhauspflege, für den Einsatz kostspieliger medizinischer Geräte, für ausgedehnte ärztliche Behandlungen und teure Arzneimittel verschlingen einen Großteil der Krankenkassenbeiträge. Bundesgesundheitsminister Seehofer legt daher Mitte 1992 ein **Elf-Milliarden-Sparprogramm** vor.

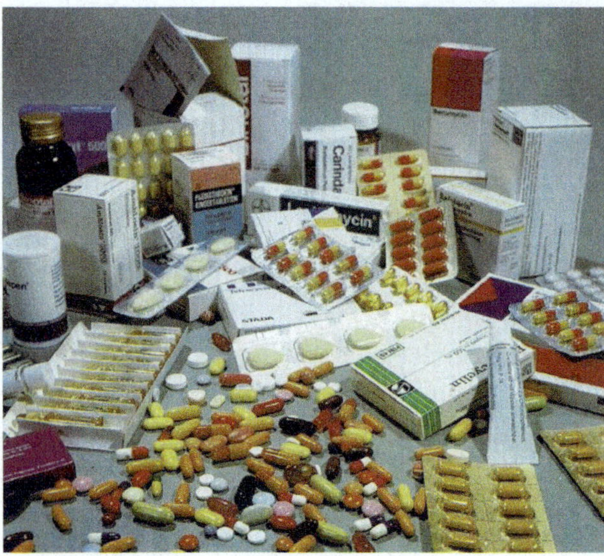

Eine höhere Selbstbeteiligung der Patienten an den notwendigen Kosten für Medikamente soll helfen, die Milliardendefizite der Krankenkassen abzutragen. Statt bisher 3 DM (ca. 2,50 Euro) müssten die Versicherten dann in der Apotheke bis zu 10 DM (ca. 5 Euro) für jedes verschriebene Arzneimittel bezahlen.

Schumis erster Sieg

Der Deutsche Formel 1 Pilot **Michael Schumacher** gewinnt mit dem Großen Preis von Spa in Belgien seinen ersten Grand Prix. Es ist erst der dritte Grand-Prix-Sieg eines Deutschen überhaupt. Der gelernte Kfz-Mechaniker kommt über Kartrennen zum Automobilsport und avanciert durch seine Erfolge in seiner ersten Formel-1-Saison 1991 zum umjubelten Shooting-Star.

Der Benetton B192 geht in diesem Jahr als das Auto in die Geschichte ein, mit dem "Schumi" seinen ersten Grand-Prix-Sieg feiert. Der Deutsche triumphiert in Spa, wo er fast genau ein Jahr zuvor sein Debüt gab

Schumacher startet bei insgesamt 307 Großen Preisen der Formel-1-WM. Er wird sieben Mal Weltmeister, feiert 91 Siege, 155 Podestplatzierungen und 77 schnellste Rennrunden.

Den Trailer zur über 2,5 Mio. Mal geklickten Netflix-Doku *„Schumacher“* gibt's unter diesem Link bzw. QR-Code:

https://bit.ly/doku-schumi

Erste SMS versendet

Am 3. Dezember 1992 ist es so weit: Neil Papworth von der Firma Vodafone setzt sich an seinen Rechner, tippt eine wichtige Botschaft ein - *„Merry Christmas"* - und schon landet die Nachricht bei seinem Direktor Richard Jarvis. Der ist gerade auf einer Weihnachtsfeier und hat ein, mittlerweile tragbares, Telefon in einem Köfferchen dabei. **Die erste SMS (Short Message Service) wurde versendet.** Anfangs sind die SMS kostenlos. Aber immer mehr Menschen tippen Texte, sogar ein eigener Begriff dafür schafft es in den Duden: **simsen.**

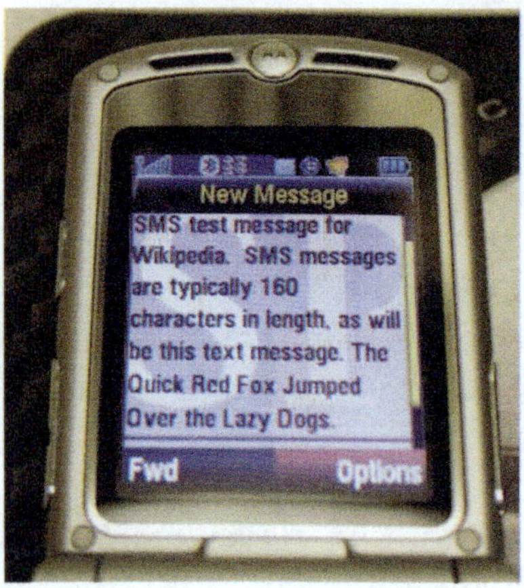

SMS auf einem historischen Mobiltelefon

Die Netzbetreiber versuchen es nun mit Gebühren, und die werden immer happiger. 39 Cent kostet eine SMS zeitweise. Doch dann setzen sich Flatrates durch, und 2012 ist der Höhepunkt der Simserei erreicht: Jeder Deutsche schickt im Schnitt 700 Nachrichten pro Jahr. Dann ist der Boom aber auch schon wieder zu Ende. Das Smartphone wird erfunden und mit ihm kommt WhatsApp. **BB - bye bye, SMS.**

Soll ich meine Schuhe wieder anziehen?

Originelle Architektur

Auf dem Gebiet der Architektur ist ein weltweiter Wettkampf um neue Formen, immer edlere Materialien und verblüffende Details ausgebrochen. 1992 erlebt Deutschland die Fertigstellung von Günter Behnischs **Plenarsaals des Bundestages in Bonn.** Symbolträchtig gewährt der Bau überall Einsicht und soll *„eine Metapher für das Ideal unserer gesellschaftlichen Ordnung"* sein. Zentrum ist der runde Abgeordnetensaal, von dessen Form sich die Planer größere Diskussionsfreude versprechen.

Das Glashaus mit rundem Abgeordnetensaal symbolisiert Transparenz und Demokratie

Sommerspiele in Barcelona

Am 25. Juli eröffnet der spanische **König Juan Carlos** in **Barcelona** die 25. Olympischen Sommerspiele. 7.500 Aktive und mehr als 300 Musiker gestalten das mehrstündige Spektakel, das von 65.000 Zuschauern live im Olympiastadion und von über 1,3 Mia. Menschen via Satellit verfolgt wird.

Olympischer Zauber bei der Eröffnungsfeier in der katalonischen Hauptstadt

Einen kurzen Mitschnitt des Auftritts von Montserrat Caballè mit einigen der besten spanischen Opernsängern bei der Eröffnungsfeier gibt es unter diesem Link bzw. QR-Code:

https://bit.ly/barcelona-1992

Mickey Mouse in Paris

In der Nähe von Paris eröffnet im April die Walt Disney Company ihren neuen Freizeitpark **Euro-Disneyland**. Neun Mrd. DM (ca. 4,5 Mrd. Euro) hat das „Mickey-Mouse“-Unternehmen investiert um die Europäer von seiner Freizeitkonzeption mit Attraktionen wie Dornröschenschloss, Schaufelraddampfer und Raumfähre zu überzeugen. Wegen der hohen Preise (eine dreiköpfige Familie bezahlt allein für den Eintritt über 180 DM = ca. 90 Euro) schreibt der Park von Beginn an Verluste. Nach Preissenkungen und der Umbenennung in **Disneyland Paris** gelingt 1995 erstmals ein Gewinn.

Das Resort wird 1992 nach vierjähriger Bauzeit eröffnet und seitdem von über 320 Millionen Menschen aus aller Welt besucht

Einen kompletten 1,4 Mio. Mal angeklickten, knapp einstündigen Rundgang aus 2020 durch das Disneyland Paris gibt es unter folgendem Link bzw. QR-Code:

https://bit.ly/disney-rundgang

Beliebtester deutscher Film

„Schtonk", die Verfilmung der größten „Ente" in der deutschen Pressegeschichte, erhält den „Deutschen Filmpreis in Gold". Der Preis ist mit 900.000 DM (ca. 450.000 Euro) verbunden. TV-Erfolgsregisseur Helmut Dietl liefert mit seinem Kino-Erstling den erfolgreichsten deutschen Streifen 1992. Knapp 2 Mio. Besucher sehen ihn bis zum Jahresende. Der Film, mit **Götz George** und **Uwe Ochsenknecht**, ist eine hintergründig-witzige Parabel über deutsche Befindlichkeit und die unterschwellige Faszination der NS-Vergangenheit.

Filmplakat zum erfolgreichsten deutschen Kinofilm 1992

Den Film gibt's unter diesem Link bzw. QR-Code zum kostenlosen Stream:

https://www.dailymotion.com/video/x3torvc

Eine Klasse für sich

Der Brite **Nigel Mansell** belegt beim Großen Preis von Ungarn den zweiten Platz hinter Ayrton Senna aus Brasilien. Mansell steht damit bereits nach 11 von 13 WM-Läufen als Weltmeister der Formel 1 fest. Aufgrund seiner innovativen Unterboden-Neigung ist der Williams-Renault FW14B in dieser Saison so überlegen, dass er oft pro Runde ganze Sekunden schneller ist als die Konkurrenz. Mansell gewinnt neun Rennen und wird unangefochten Weltmeister. Sein Teamkollege Riccardo Patrese wird, ebenso unangefochten, Zweiter.

Nigel Mansell mit Ayrton Senna. Der Williams FW14B ist 1992 nicht zu besiegen

Beim zweiminütigen Video *„Nigel Mansell OnBoard Lap Spa 1992 F1 Williams FW14b“* kann man im Cockpit eine Runde mitfahren. Hier der Link bzw. QR-Code:

https://bit.ly/Williams-fw14b

Auf Abrüstungskurs

Weitreichende **Abrüstungsvorschläge** stehen im Mittelpunkt der viertägigen Besuchsreise, die den russischen Präsidenten Boris Jelzin als letzte Station nach Großbritannien und Kanada in die USA führen. Die anstehenden Verhandlungen machen deutlich, dass die Gemeinschaft Unabhängiger Staaten (GUS) bei der Verschrottung von Waffen wesentlich weiter gehen will als die Ende 1991 aufgelöste Sowjetunion. Wenige Monate später haben die USA ihre gesamten taktischen boden- und seegestützten Atomwaffen aus Europa abgezogen. Der größte Teil dieser Waffen soll vernichtet werden.

Der russische Präsident Jelzin mit US-Präsident Bush und der First Lady vor dem Weißen Haus

Das 10-minütige Video *„Der Untergang der Sowjetunion"* gibt kompakten Einblick in den Zerfall der UdSSR. Hier der Link und QR-Code dazu:

https://bit.ly/udssr-zerfall

Blick zu den Sternen

Astronomen blicken mit Hilfe des Weltraum-Teleskops **„Hubble“** erstmals auf Sternensysteme, die bis zu 10 Mrd. Lichtjahre von der Erde entfernt sind. Nach ersten unscharfen Bildern und einer Notreparatur 1992 hat das Teleskop unter anderem dabei geholfen, das Alter des Universums auf 13,7 Milliarden Jahre festzulegen und die Existenz von so genannten schwarzen Löchern zu bestätigen.

Hubble ermöglicht den Blick in die Tiefen und Anfänge unseres Universums

Bis heute hat das nach dem US-Astronomen Edwin Hubble benannte Teleskop mehr als 750.000 zumeist spektakuläre Bilder von explodierenden Sternen oder Galaxien zur Erde gefunkt. Rund 7.000 Wissenschaftler werten weltweit die Aufnahmen aus.

Die rund 50-minütige N24-Doku *„Hubble: Blick in die Unendlichkeit“* gibt's unter diesem Link bzw. QR-Code:

https://bit.ly/hubble-1992

Last Minute Boom

Trotz des anhaltenden Booms in der Tourismusbranche steckt mit dem Charterfluggeschäft ein wichtiger Bereich in der Krise. Die Gesellschaften haben nach dem zweiten Golfkrieg des Vorjahres mit einem großen Nachholbedarf an Urlaubsreisen gerechnet und sich deshalb mit weiteren Flugsitzen eingedeckt.

Die Kapazitäten der Chartergesellschaften sind 1992 um rund 70% größer als noch fünf Jahre zuvor, die Zahl der Passagiere ist aber im selben Zeitraum gerade einmal um 40% gestiegen. **Die Folge sind überaus billige Tickets.** So gibt es eine Flugreise nach Mallorca bereits für 180 DM (ca. 90 Euro).

Urlaubern winken 1992 viele preisgünstige Tickets über den „Last-Minute-Service", weil die Chartergesellschaften ihre Kapazitäten zu stark ausgebaut haben

Eine menschliche Maschine

Der Science-Fiction- und Actionfilm **„Terminator II - Tag der Abrechnung"** aus dem Jahr 1991 mit Hauptdarsteller Arnold Schwarzenegger räumt 1992 gleich **drei Oscars** ab: Toneffektschnitt, Maske und Effekte. Terminator II, auch einfach als T2 bekannt, ist der erste Film, dessen Produktion über 100 Millionen US-Dollar kostet. Das Einspielergebnis liegt weltweit über 520 Millionen US-Dollar.

Das Hemd des T-1000 mit Einschusslöchern hängt im Londoner Film Museum. (li.) Arnold Schwarzenegger spielt im Film das Urmodell T-800

Die fünfminütige (mittlerweile über 63 Mio. Mal geklickte) Ankunftsszene des Terminators ist unter folgendem Link bzw. QR-Code zu sehen:

https://bit.ly/ankunft-terminator

Herr Müller, was hat Sie in Ihrem Leben am meisten geprägt?
Schwerkraft.

Flucht aus Luxusgefängnis

Der kolumbianische Drogenboss **Pablo Escobar** flieht aus dem Gefängnis Envigado bei Medellìn, um seiner Verlegung in ein Militärgefängnis zuvorzukommen. Escobar wird allein in Medellìn des Mordes an 500 Polizisten beschuldigt. Sein Gefängnis war nichts anderes als eine Luxusherberge, von der aus er seine Drogengeschäfte weiter kontrollieren konnte. Mit Bestechung verschaffte er sich bei der Gefängnisleitung freie Bahn. 1993 wird er von der Polizei erschossen. Die Konkurrenz aus Cali übernimmt daraufhin sein Kartell.

Heute ein idyllisches Altenheim, früher das von Escobar selber entworfene „Gefängnis"

Die 50-minütige und über 1 Mio. Mal abgerufene Dokumentation: *„Drogenkönig Pablo Escobar Doku"* ist auf Youtube unter folgendem Link bzw. QR-Code zu sehen:

https://bit.ly/doku-pablo

Ein Festival der Rekorde

„Zeitalter der Entdeckungen" ist das Motto der „Expo \`92", der größten und letzten **Weltausstellung** des Jahrhunderts in **Sevilla**. Die 110 teilnehmenden Nationen erwarten die 42 Mio. Besucher in rund 200 Pavillons. Gastgeber Spanien baute den größten Pavillon auf, um an den bevorstehenden Jahrestag der Entdeckung Amerikas zu erinnern.

Weltraumraketen, tonnenweise Beton und Glas, Züge in der Luft, ein vereintes Europa und religiöse Toleranz – so sieht die Zukunft 1992 auf der Expo \`92 aus

Eine rund 30-minütige Video-Dokumentation über die Expo \`92 ist unter diesem Link bzw. QR-Code zu sehen:

https://bit.ly/sevilla-1992

Schockierende Werbung

Gefühle, Bilder, Images – das ist was in der Werbewelt zählt. Die übliche Produktinformation hat ihren Wert verloren. Auf welche Mittel Werbung zurückgreifen kann, demonstriert 1992 der Pullover-Verkäufer Luciano **Benetton**. Bilder von Aidskranken, Opfern der Mafia oder verteerten Vögeln, Benetton verstößt für den Erfolg gegen alle Konventionen. Im Jahr 1995 verbietet der Bundesgerichtshof drei Bilder mit der Begründung, Benetton nutze Mitleidsgefühle für kommerzielle Zwecke aus und missachte die Menschenwürde.

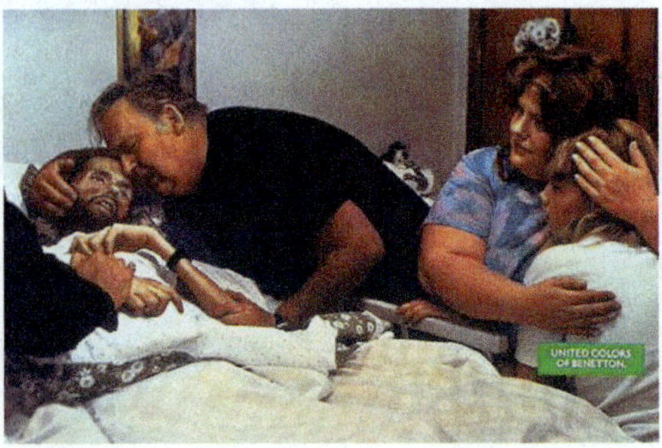

Auftakt-Bild im März 1992: Tod eines Aids-kranken

Einen 15-minütigen Zusammenschnitt aus der Dokumentation *„Schockbilder - Der Mann, der mit Werbung Politik macht"* über Oliviero Toscani, der für die kontrovers diskutierten Benetton-Werbekampagnen verantwortlich war, ist unter diesem Link bzw. QR-Code zu sehen:

https://bit.ly/werbung-benetton

Holyfield bleibt Champion

Evander Holyfield verteidigt in der amerikanischen Spielermetropole Las Vegas seinen Titel als Boxweltmeister im Schwergewicht. Der 29-jährige Champion gewinnt in zwölf Runden nach Punkten gegen den 44-jährigen Larry Holmes (USA). Noch 1992 muss Holyfield jedoch die Krone des Boxsports abgeben: Im November verliert er gegen den Herausforderer Riddick Bowe. Unmittelbar nach dem Kampf gibt er seinen **Rücktritt** bekannt. Doch schon im darauffolgenden Jahr kehrt Holyfield zu einem Revanchekampf in den Ring zurück.

Plakat für das Boxspektakel im Caesars Palace in Las Vegas

Die Highlights dieses Kampfes sind im rund 30-minütigen und 2,4 Mio. Mal geklickten Video unter folgendem Link bzw. QR-Code zu sehen:

https://bit.ly/holyfield-holmes

Erstes Elektroauto von BMW

1992 erprobt BMW erstmals ein Elektroauto, den BMW E1, ein **elektrisch angetriebenes Citymobil** für den Einsatz in Städten. Die Fahrleistungen können sich sehen lassen: 32 kW Leistung, ein Drehmoment von 150 Nm und eine Reichweite von etwa 160 Kilometer. Neben fünf Versuchsfahrzeugen vom Typ 1 umfasst das Projekt 25 umgebaute Serienmodelle auf Basis der 3er Reihe. Vom BMW 325 werden zwischen 1992 und 1996 acht Fahrzeuge auf der Insel Rügen erprobt. Trotz des relativ geringen Fahrzeuggewichts bleiben auch beim E1 die **schweren Batterien** das entscheidende Manko. Als Resümee aller Bemühungen muss festgestellt werden, dass die Forderung nach der „Null-Emission" noch nicht erfüllt werden kann.

Der Prototyp des ersten rein elektrischen BMW E1

Im siebenminütigen Video wird der BMW E1 vorgestellt. Hier der Link bzw. QR-Code dazu:

https://bit.ly/BMW-E1

Schnellstes Serienauto der Welt

McLaren präsentiert am 18. Mai 1992 zum ersten Mal den **Supersportwagen F1**. Ein von BMW entwickelter V-12-Motor leistet 550 PS und die Kohlefaser-Monocoque-Bauweise bietet ein hohes Maß an Sicherheit.

Die Produktion des Mc Laren F1 ist limitiert, der Preis liegt bei 1,5 Mio. DM (ca. 750.000 Euro)

Die Erfahrungen aus der Formel 1 sollen auf die Straße übertragen werden. Ron Dennis meint bei der Vorstellung im Jahr 1992: *"Ich sehe den F1 in erster Linie als Kunstwerk. Der Käufer soll sich daran erfreuen und ihn auch bewusst mit den Augen genießen."*

Die 40-minütige Doku (fast 9 Mio. Mal geklickt): *„Here's Why the McLaren F1 Is the Greatest Car Ever Made"* ist unter folgendem Link bzw QR-Code zu sehen:

https://bit.ly/McLaren-F1-1992

Michelangelo als Virus

1992 wird erstmals ein **weltweiter Computervirus** aktiv. Die Besonderheit des Virus besteht darin, dass er bis zum 6. März 1992 inaktiv blieb, ein Datum, das zufällig mit dem Geburtstag des Renaissance-Künstlers Michelangelo zusammenfällt. Deshalb entscheiden sich Malware-Forscher dazu, den Computervirus **Michelangelo** zu taufen. Sobald ein Computer mit Michelangelo kompromittiert wurde, erwachte die Payload aus dem Ruhezustand und überschrieb alle Daten auf der Festplatte mit willkürlichen Zeichen.

In den Medien sorgt das Michelangelo Computervirus für eine aufregende Berichterstattung

Eine Wiederherstellung von Informationen war praktisch unmöglich. Allerdings geschah das nur, wenn der Computer eben an diesem besagten 6. März des Jahres angeschaltet wurde - ansonsten blieben die Daten intakt. Schätzungen zufolge gelang es damals, **mehr als fünf Millionen Computer** lahm zu legen.

Mike Tyson im Gefängnis

Ein Geschworenengericht in Indianapolis spricht **Mike Tyson schuldig**, eine 18-jährige Frau vergewaltigt zu haben. Am 26. März wird der frühere Boxweltmeister im Schwergewicht zu sechs Jahren Gefängnis verurteilt

Am 10. Februar 1992 wird Mike Tyson verurteilt

Mit 20 Jahren und 144 Tagen ist er 1986 der bislang jüngste Boxer, der einen Weltmeistertitel im Schwergewicht erringen konnte. Darüber ist Tyson der erste Weltmeister, der gleichzeitig von den drei Boxverbänden WBC, WBA und IBF anerkannt wurde (Undisputed Heavyweight Champion of the World). Er wird 2011 in die International Boxing Hall of Fame aufgenommen.

In diesem 40-minütigen und fast 100 Mio. (!) Mal geklickten Video sind alle Knock-Outs von Mike Tyson zu sehen. Hier der Link und QR-Code dazu:

https://bit.ly/alle-knockouts

Autorin hört das Schreiben auf

Die meistgelesene Kinderbuchautorin der Welt, **Astrid Lindgren**, gibt in Stockholm bekannt, dass sie keine neuen Bücher mehr schreiben werde. Pippi Langstrumpf, Michel aus Lönneberga, die Brüder Löwenherz, Tjorven und Skrollan, die Kinder aus Bullerbü, Madita, Ronja ... Millionen Kinder und Erwachsene auf der ganzen Welt lieben diese Figuren und fühlen sich in der Villa Kunterbunt, im Kirschblütental, im Tischlerschuppen, in Birkenlund und auf Saltkrokan richtig zu Hause.

Die Bücher von Astrid Lindgren wurden weltweit über 165 Mio. Mal verkauft. Die Werke der im Jahr 1992 84-jährigen Schwedin wurden in 107 Sprachen übersetzt

Das über 2,5 Mio. Mal gestreamte Original-Titellied zur Fernsehserie *„Pipi Langstrumpf“* ist unter folgendem Link bzw. QR-Code zu hören und zu sehen:

https://bit.ly/pipi-langstrumpf-lied

Erfolg im Spiel und in der Liebe

Der US-Amerikaner **Andre Agassi** gewinnt zum ersten Mal die traditionsreichen Tennis-Meisterschaften von Wimbledon. Bereits am Vortag feiert **Steffi Graf** ihren vierten Wimbledon-Titel. Sie setzt sich gegen die serbische Weltranglistenerste Monica Seles durch. Die gemeinsame Geschichte von Agassi und Graf: 1999 gewinnen sie in Paris die French Open, Graf beendet wenig später ihre Karriere, im September kommt es zum ersten Date. Zwei Jahre später folgt die **Hochzeit**, vier Tage später bekommt Graf den gemeinsamen Sohn Jaden Gil, weitere zwei Jahre später Tochter Jaz Elle.

Am 22. Oktober 2001 heiratet das Tennis-Traumpaar Andre Agassi und Steffi Graf

Die rund 40-minütige Dokumentation *„Steffi Graf, The ZDF Documentary 2019, A Tribute to Tennis Goddess“* auf Youtube ist unter diesem Link bzw. QR-Code anzusehen:

https://bit.ly/doku-graf

Meereshöhe aus dem All gemessen

Vom Weltraumbahnhof Kourou in Französisch-Guayana startet eine **Ariane-Rakete** der europäischen Raumfahrtbehörde ESA. Sie bringt erstmals einen Satelliten für die US-Raumfahrtbehörde NASA ins All. TOPEX/Poseidon ist ein Forschungssatellit zur Messung von Meereshöhen, den NASA (USA) und CNES (Frankreich) gemeinsam entwickelten. Im Januar 2006 wird er nach mehr als 13 Jahren außer Dienst gestellt, nach dem das letzte Gyroskop ausgefallen war. Geplant war lediglich eine Einsatzzeit von 3–5 Jahren.

Ariane 42P mit dem TOPEX/Poseidon-Satelliten

Wie eine Ariane-Rakete funktioniert, erfährt man im knapp 10-minütigen ARD-Video. Hier der Link und QR-Code dazu:

https://bit.ly/ariane-rakete

Rudi Völler nimmt Abschied

Stürmerstar **Rudi Völler** nimmt bei einem Freundschaftsspiel gegen Mexiko in Dresden nach 85 Ein-sätzen Abschied von der Nationalmannschaft. Völler schießt in der 58. Minute ein Traumtor zum 1:0. Die Begegnung endet 1:1 unentschieden. Tosender Applaus im Rudolf-Harbig-Stadion bei seiner Auswechslung. Dass Bundestrainer Berti Vogts den gebürtigen Hanauer zur WM 1994 zurückholt, ahnt der 32-Jährige da noch nicht.

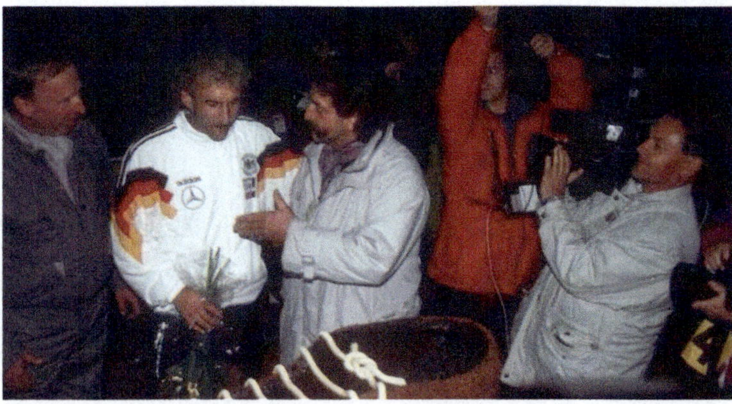

Zum Abschied gibt es für Rudi Völler (2. v. li.) eine riesige Torte in Fußballschuh-Form

Eine rund 20-minütige Zusammenfassung inklusive einer kurzen Doku über Rudi Völler gibt's unter diesem Link bzw. QR-Code zu sehen:

https://bit.ly/abschied-rudi

Erotische Spannung

1992 läuft in den Kinos **„Basic Instinct"** an. Es ist ein Thriller des niederländischen Regisseurs Paul Verhoeven. In Basic Instinct muss Michael Douglas den Tod eines Rockstars aufklären. Dabei gerät er immer tiefer in einen Sumpf aus Liebe, Hass, Komplott und Verrat. Die amerikanisch-französische Koproduktion sorgt mit ihren erotischen Szenen für Aufsehen und macht die Hauptdarstellerin Sharon Stone weltweit bekannt.

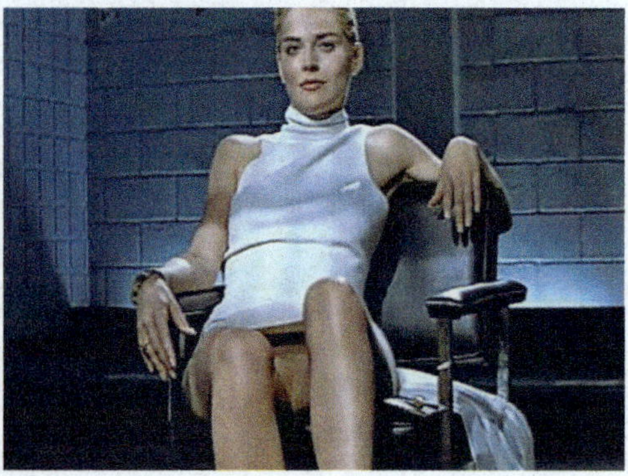

Eine Filmszene, die um die Welt geht: Sharon Stone zeigt beim Verhör mehr als nur ihre Beine

Den Filmtrailer mit dieser Szene gibt es unter folgendem Link bzw. QR-Code zu sehen:

https://bit.ly/trailer-basic-instinct

Die beliebtesten Vornamen

1992 werden in Deutschland **809.114 Kinder** geboren. Die beliebtesten Vornamen sind:

Jungen:	**Mädchen:**
1. Jan	1. Sarah
2. Tim	2. Julia
3. Philipp	3. Lisa
4. Daniel	4. Anna
5. Christian	5. Jennifer
6. Kevin	6. Laura
7. Alexander	7. Vanessa
8. Lukas	8. Katharina
9. Patrick	9. Jana
10. Marcel	10. Franziska

Das Wort des Jahres

Seit 1971 kürt die Gesellschaft für deutsche Sprache e.v. jährlich Wörter und Redewendungen, die das politische, wirtschaftliche und gesellschaftliche Leben eines Jahres sprachlich in besonderer Weise bestimmt haben.

Wörter des Jahres 1992:

1. Politikverdrossenheit
2. Fremdenhass
3. Rassismus
4. Rechtsruck
5. Lichterkette

Prominente Geburtstagskinder

Folgende prominente ErdenbürgerInnen erblicken 1992 das Licht der Welt:

11. Februar: Taylor Lautner
US- Schauspieler (Twilight)

02. Mai: Vanessa Mai
deutsche Sängerin

08. Mai: Olivia Culpo
Miss Universe 2015

19. Mai: Sam Smith
britischer Singer & Songwriter

5. Februar:
Neymar
brasilianischer Fußballer

09. Juni: Pietro Lombardi
deutscher Sänger (DSDS)

24. Juni:
David Alaba
österr. Fußball-
spieler

22. Juli:
Selena Gomez,
US-Schauspielerin

23. November:
Miley Cyrus
US-Sängerin

Wetten, dass …?

1992 starten die TV-Privatsender ihren Generalangriff auf die Zugpferde der öffentlich-rechtlichen Anstalten. Das macht sich vor allem in den **Talkshows** der Sender bemerkbar.

So gibt zum Beispiel **Thomas Gottschalk**, der Superstar des deutschen Fernsehens, die Moderation seiner ZDF-Show „Wetten dass …?“ an den früheren DDR-Star Wolfgang Lippert ab. Dafür moderiert er ab Oktober als erster deutscher Fernsehmann überhaupt eine tägliche „Late-Night-Show“ auf RTL plus.

Thomas Gottschalk hat zu seiner letzten Folge von „Wetten dass ..?“ Günther Jauch eingeladen

Alfred Biolek versteht es, seinen „Boulevard Bio“ mit prominenten Gästen zu schmücken

Alfred Biolek mit Nena 1992

1992 als Kreuzworträtsel

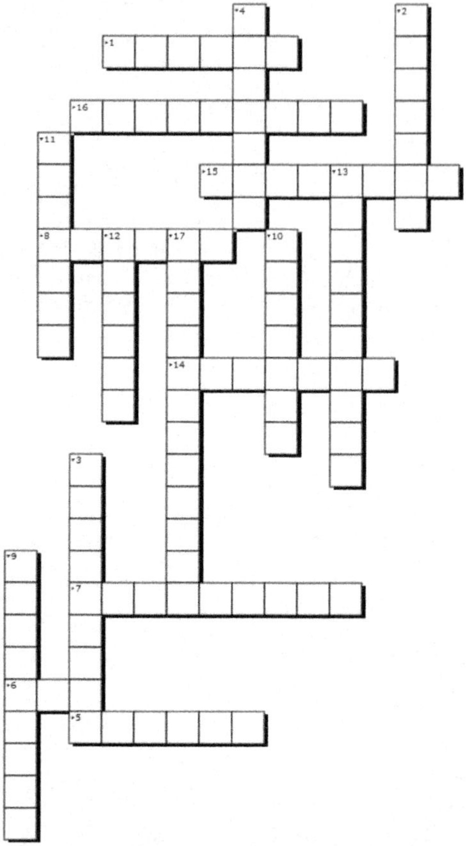

1.Kino-Superheld; 2. US-Präsident (Nachname); 3. Fußball-Europameister; 4. Astronom im 17. Jh. (Nachname); 5. Deutsches Kultauto (Spitzname); 6. Weltgrößter Wirtschaftsraum 1992; 7. Britischer Rock- und Popmusiker; 8. Spitzname von Michael Schumacher; 9. Austragungsort der Olymp. Sommerspiele; 10. Beliebtester Deutscher Kinofilm; 11. Formel-1-Weltmeister (Nachname); 12. Weltraumteleskop; 13. Filmrolle von Arnold Schwarzenegger; 14. Kolumbianischer Drogenboss (Nachname); 15. Bekleidungsunternehmen mit Schockwerbung; 16. Boxweltmeister im Schwergewicht (Nachname); 17. Computervirus

Lösung Kreuzworträtsel:

1. Batman; 2. Clinton; 3. Daenemark; 4. Galilei; 5. Kaefer; 6. EWR; 7. EltonJohn; 8. Schumi; 9. Barcelona; 10. Schtonk; 11. Mansell; 12. Hubble; 13. Terminator; 14. Escobar; 15. Benetton; 16. Holyfield; 17. Michelangelo

Bildverzeichnis

alamy; bigstock; canto; gettyimages; okapia; pixxio; pixabay; shutterstock; stokpic. Trotz größter Sorgfalt konnten die Urheber nicht in allen Fällen ermittelt werden. Es wird gegebenenfalls um Mitteilung gebeten. Wir bitten um Verständnis, dass wir keinen Einfluss darauf haben, wie lange die externen Links (z.B. Youtube-Videos) abrufbar sind. Es besteht keinerlei wirtschaftliche oder sonstige Verbindung zu eventuell eingespielter Werbung vor den Videos. Cartoons: Nadja Kühnlieb

Impressum

Autorin: Nadja Kühnlieb

www.verlagmensch.com / info@verlagmensch.com
Dr. Roman Feßler LL.M.
6900 Bregenz - Österreich, Bregenzer Straße 64
Umschlaggestaltung: Ingeborg Helzle Grafikdesign
Covermotiv: Alamy

1. Auflage 2021

In der Serie Geburtstagsbücher für Männer sind noch erschienen:

In der Serie Geburtstagsbücher für Frauen sind erschienen:

Alle Jahrgänge enthalten Download-Material zum jeweiligen Geburtsjahr.
Alle Geburtstagsbücher sind exklusiv auf Amazon erhältlich.

Psychologische Ratgeber des Verlags

Dr. Beate Guldenschuh-Feßler

Jeden Tag glücklich!

Positive Psychologie für mehr Glück & Lebensfreude

Exklusiv auf Amazon.
Der Link zum Buch:
bit.ly/Jeden-Tag-glücklich

Auf 425 Seiten erhalten Sie 199 Praxistipps und Übungen von der erfahrenen Diplompsychologin und Verhaltenstherapeutin zur Erhöhung Ihres persönlichen Glückniveaus.

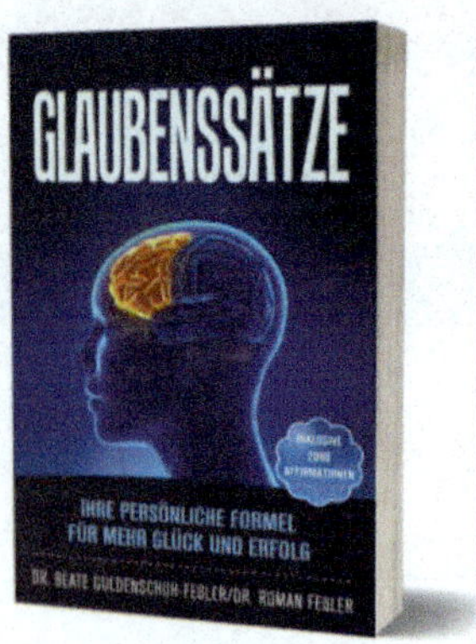

Dr. Beate Guldenschuh-Feßler

Glaubenssätze

Ihre persönliche Formel für mehr Glück und Erfolg. Inklusive 2.000 Affirmationen

Der Link zum Buch:
bit.ly/Buch-Glaubenssätze

Identifizieren Sie Ihre einschränkenden Glaubenssätze und erfahren Sie, wie Sie mit positiven Affirmationen glücklicher und erfolgreicher werden.

Dr. Beate Guldenschuh-Feßler

Das große Tagebuch der Dankbarkeit

Studien beweisen, dass ein Dankbarkeitstagebuch unser Glücksniveau steigern und Geist und Körper positiv beeinflussen kann.

Der Link zum Buch:
bit.ly/dankbares-leben

Neben ausreichend Platz für Ihre Tagebucheintragungen erhalten Sie psychologisches Hintergrundwissen, Tipps und Übungen zum Thema Dankbarkeit.

Dr. Beate Guldenschuh-Feßler

Glücklich im Ruhestand. Das große Praxisbuch für die schönste Zeit im Leben

10 psychologische Strategien mit Übungen aus der psychologischen und psychotherapeutischen Praxis und Fragebogen zu den Themen Glück, Dankbarkeit, Optimismus, Humor etc.

Der Link zum Buch:
bit.ly/ruhestand-und-glück

Printed by Amazon Italia Logistica S.r.l.
Torrazza Piemonte (TO), Italy

28131101R00046